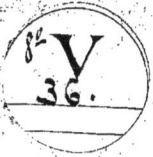

Vente des 10, 11, 12, 13 et 15 Juillet 1893

OFFICE DES COMMISSAIRES-PRISEURS DE REIMS

CATALOGUE

DE LA

COLLECTION

DE

TABLEAUX

OBJETS D'ART & LIVRES

Dépendant de la Succession de M. Eugène CLICQUOT

> Tableaux anciens et modernes. — Objets
> d'art. — Miniatures. — Emaux. — Faïences.
> — Porcelaines. — Beaux Meubles de di-
> verses époques. — Livres. — Gravures. —
> Monnaies et Médailles.
> Mobilier meublant. — Belle Argenterie. —
> Voitures. — Vins.

REIMS

Imprimerie E. BUGG, rue Robert-de-Coucy, 4

—

1893

CATALOGUE

DE LA

COLLECTION

DE

TABLEAUX, OBJETS D'ART & LIVRES

LA VENTE AURA LIEU

LE LUNDI 10 JUILLET 1893

Et Jours suivants

À une heure, et le soir à huit heures et demie

EN LA SALLE BESNARD, RUE BUIRETTE, 35

Par le Ministère de l'un de MM. les Commissaires-Priseurs de Reims

AVEC LE CONCOURS DE

M. Georges DUCHESNE, Commissaire-Priseur à Paris, rue de Hanovre, 6 ;

ASSISTÉ DE

M. Arthur BLOCHE, Expert près la Cour d'Appel, rue de Châteaudun, 25 ;

ET AUSSI AVEC LE CONCOURS DE

M. F. MICHAUD, Libraire à Reims, rue du Cadran-Saint-Pierre ;

Exposition le Dimanche 9 Juillet, de une heure à cinq heures

CONDITIONS DE LA VENTE

La vente se fait au comptant.

Les acquéreurs payeront 10 0/0 en sus des enchères, applicables aux frais.

La vente aura lieu sans aucune garantie. (Voir les conditions spéciales pour les livres plus loin.)

ORDRE DE LA VENTE

Lundi et Mardi 10 et 11 à une heure, et le soir à huit heures et demie

Vente des Tableaux, Objets d'art, Meubles de style, sans interrruption

Mercredi 12, à une heure et à huit heures et demie du soir

Vente des Livres et Gravures

Jeudi 13 et Samedi 15, à une heure

Vente du Mobilier meublant, Voitures, Vins

CATALOGUE

DES

TABLEAUX

Anciens et Modernes

DESSINS ET AQUARELLES

Parmi lesquels des Œuvres par ou attribuées à

ALLONGÉ, AUGUIN, Fr. BOUCHER, BREUGHEL LE VIEUX, BRISSOT, Annibal CARRACHE, DEMASURE, DIRINGER, les FRANCK, Van HUYSENS, JORDAENS, KUPETZKY, LACROIX, Mᶫᶫᵉ LEDOUX, G. MATSYS, P. MIGNARD, OUDRY, PAROCEL, de PENNE, RUBENS, SUBLEYRAS, SWAGERS, VALLIN, VEYRASSAT, VIEN, WATTELET, WOUWERMANS, etc.

Suite de belles Miniatures sur vélin avec cadres en bois sculpté

Recueil d'Aquarelles indiennes, chinoises et européennes

Deux beaux Emaux de Nardon Penicaud

Anciennes Porcelaines de Chine, du Japon, de Sèvres, de Saxe, etc.

Faïences de Bernard Palissy, de Rouen, Strasbourg, Faënza

Poteries grecques, Biscuits, Verrerie, Matières précieuses

Sculptures en terre cuite, marbre, albâtre, ivoire, bois, etc.

Argenterie ancienne et moderne

Beaux Meubles des époques Louis XIII, Louis XIV, Louis XV, Louis XVI, Napoléon Iᵉʳ, etc.

Six Garnitures de fenêtres en tapisserie ancienne

Composant la collection de M. Eugène CLICQUOT

Cortès

12. — Animaux traversant un ruisseau.

Bois, 15-20.

13. — Vaches buvant dans un ruisseau.

Bois, 15-20.

Courtois
(JACQUES), dit LE BOURGUIGNON

14. — Siège de Rhodes.

Toile, 115-122.

David
(Attribué à JEAN-LOUIS)

15. — Les Martyrs à Rome.

Toile, 20-26.

Demarne
(JEAN-LOUIS)

16. — Paysage avec figures.

Sur une route au premier plan, un paysan conduisant des bestiaux cause avec une jeune
paysanne, plus loin un autre pâtre, au fond un
cours d'eau.

Toile, 44-55.

Diringer
(G., 1706)

17. — Le Jugement.

Toile, 46-65.

18. — L'Exécution.

Toile, 46-65.

Franck
(Famille des)

19. — La Reine de Saba devant Salomon.
Importante composition.

Bois, 75-107.

20. — Adoration des Mages.

Peinture sur cuivre.

21. — La Mise au Tombeau.

Peinture sur cuivre.

22. — La Présentation au Temple.

Cuivre, 15-12.

23. — La Pentecôte.

Cuivre. 15-12.

24. — La Madeleine au pied de la Croix.

Cuivre, 15-12.

25. — Le Christ recevant la Communion des mains
d'un Ange.

Cuivre, 15-12.

26. — Saint François d'Assise donnant la Communion
à sainte Rose de Lima.

Gentillatre
(JACOB)

27. — Le Portail de la Cathédrale de Reims.

> Cet intéressant dessin fait en 1722 a été dédié à
> Jules de Rohan, archevêque de Reims, il a
> été gravé par J.-B. Scotin.

80-52.

Horsandt

28. — Entrée d'une forteresse.

Toile, 24-31.

Huysum
(Attribué à JEAN VAN)

29. — Vase de fleurs.

Toile, 64-51.

Jordaens
(JACQUES)

30. — Descente de Croix. — Esquisse à l'aquarelle.

38-26.

Kupetzki
(JEAN)
(Né en 1666 à Possing (Hongrie), mort en 1740)

31. — Deux portraits de Personnages en costumes
hongrois.

Bois, 21-16.

Lacroix

32. — L'Orage. — Paysage avec ruines et figures de Pêcheurs.

Beau tableau dans la manière de Vernet.

Toile, 70-80.

Ledoux
(Mˡˡᵉ PHILIBERTE)

33. — Buste de jeune Femme à la chevelure rousse.

Elle est vêtue d'une chemise très décolletée, les épaules recouvertes d'un fichu noué avec une rose sur la poitrine.

Toile, 53-44.

Matsys
(QUENTIN)

34. — Saint Jérôme.

Tableau important.

80-81.

Mignard
(PIERRE)

35. — Portrait de Madame de Montespan.

Cadre Louis XIV en bois sculpté.

Toile, 75-58.

36. — Portrait de Mademoiselle de Fontanges.

Cadre Louis XIV en bois sculpté.

Toile, 75-58.

Overlaet
(D'Anvers)

37. — Scènes flamandes. — Deux Dessins à la plume.

Oudry
(Attribué à JEAN-BAPTISTE)

38. — Chasse au Sanglier.

Toile, 70-90.

Parrocel
(CHARLES)

39. — Charge de Cavalerie.

Toile, 48-72.

Parrocel
(JOSEPH)

40. — Bataille.

Au centre, le général en chef entouré de son état-major ; à droite, la bataille ; derrière, le groupe principal d'autres corps de troupes.

Toile, 40-54.

Penne
(OLIVIER DE)

41. — Trois Chiens attachés à un arbre sous bois.

32-40.

Potter
(Ecole de PAUL)

42. — Animaux au pâturage.

Toile, 51-63.

Rigon

43. — Une Noce sous Louis XV.

50-60.

43 bis. — Marine.

40 50.

Rubens
(Attribué à PIERRE-PAUL)

44. — Danses villagecises.

Huit paysans et paysannes dansent au son de la musette dont joue un paysan perché sur un arbre. A droite, un autre paysan semble les inviter à le suivre au cabaret.

Cadre en bois sculpté Louis XIV.

Cuivre, 35-44.

Salomon
(A.)

45. — Chasseur dans un sentier couvert de neige.

Signé et daté 1869.

54-70.

Servais

46. — Chien d'arrêt.

Toile ovale, 39-51.

Subleyras
(PIERRE)

47. — Agar dans le désert et l'ange Gabriel.

Toile, 66-57.

48. — L'Annonciation.
Cadre en bois sculpté.

Toile, 44-35.

49. — La Fuite en Egypte.
Cadre en bois sculpté.

Toile, 44·35.

Swagers
(FRANÇOIS)

50. — Effet de neige.

24-32.

Téniers
(Ecole de DAVID)

51. — Paysage avec figures.

Bois, 13-17.

Tour
(Genre de MAURICE-QUENTIN DE LA)

52. — Portrait de jeune Femme coiffée d'un bonnet de
mousseline. — Pastel.

Vallin

53. — Danse dans un paysage.

> Deux nymphes dansent avec un amour, à gauche d'autres amours endormis.
>
> Bois, 35-43.

54. Pendant du précédent.

> Une nymphe et un satyre dansent avec un amour, à droite des amours jouent avec un bouc, d'autres font de la musique.
>
> Bois, 34-43.

Veyrassat
(JULES)

55. — Chevaux à l'abreuvoir.

Toile, 30-49.

Vien
(JOSEPH-MARIE)

56. — Apollon et les Muses sur le Parnasse.
Signé J. VIEN.

Toile, 52-31.

Watelet
(LOUIS-ÉTIENNE

57. — Paysage. — Animaux passant sur un pont de bois.

Bois, 23-32.

58. — Paysage. — Les Pêcheurs à la ligne. — Pendant du précédent.

Bois, 23-32.

Watteau
(Ecole de ANTOINE)

59. — Réunion dans un parc.

Toile, 36-43.

Williams

60. — Fleurs.

24-32.

Wouwerman
(Ecole de PHILIPPE)

61. — Halte de Cavaliers près d'une habitation rustique.

Toile, 57-70.

Ecole espagnole

62. — Jeune Homme jouant de la flûte.

Toile, 57-88.

Ecole flamande

63. — La lecture de la Bible.

Signé à gauche du monogramme A. R. avec
une dédicace.

Bois, 58-72.

64. — La Résurrection.

Bois, 49-37.

65. — Deux Peintures sur velin, vernies, représentant
l'une des buveurs et fumeurs, l'autre des joueurs
de cartes.

26-18 1/2.

66. — L'Annonciation.

Cuivre, 21-27.

Ecole française

67. — Portrait de Femme en robe à rubans bleus avec mantille de dentelle noire. Fin du règne de Louis XV.

Toile, 70-49.

68. — Portrait de Femme, la gorge découverte, un diadème sur la tête.

Toile, 53-37.

69. — Le Raccommodeur de faïences. — Scène d'intérieur.

Toile, 34-27.

70. — Paysage avec figures de Baigneuses.

Bois, 29-35.

71. — Paysage, avec figures causant sur une route.

Bois, 40-33.

72. — Pendant du précédent.
Personnages au repos et figures sur une route.

Bois, 40-33.

73. — La Veuve du Malabar.
Cadre laqué, cintré en haut.

Toile, 25 17.

74. — Des Colombes.
Joli dessin ovale. Cadre Louis XVI à nœud de ruban.

75 à 78. — Deux portraits d'Hommes et deux portraits de Femmes. — Epoque Louis XIV.

80-64.

79. — Vénus et Vulcain.

90-69.

80. — Jeune Femme les yeux levés au ciel. — Epoque Louis XVI.

36-44.

81. — **Jeune Femme regardant des Cartes.**

36-44.

82. — **Cygnes sur un lac.**

45-65.

83. — **Paysage. — Le Pont.** — Aquarelle.
Avec cadre en bois sculpté du temps de Louis XIV.

17-24.

Ecole hollandaise

84. — **Bergers gardant des chèvres près de ruines.**
Très beau tableau signé du monogramme F V $_B^D$

Toile, 48-57.

85. — **Buveurs et Fumeurs.**

Toile, 87-29.

Ecole italienne

86. — **Marche de Sylène entouré de faunes et d'amours.**

Toile, 55-88.

87. — Peinture sur marbre : **la Vierge priant près de l'Enfant Jésus endormi.**

Ecole russe

88. — **Buste du Christ.**
Avec recouvrement d'argent.

Ecole chinoise

89. — Deux peintures chinoises sur moëlle de roseau représentant des **Oiseaux.**

90. — Deux peintures sur verre représentant l'une **Erigone** et l'autre **Jupiter visitant Sémélé.**

Forme ovale, 14-18.

91. — **Deux Fixès.** — Paysage avec chute d'eau et paysage avec figures.

92. — Peinture sur porcelaine représentant **Milton aveugle entouré de ses trois Filles.**

18-21.

93. — Sous ce numéro seront vendues environ trente pièces : **Petits Tableaux, Dessins** et **Gravures,** dont quelques-unes avec des cadres en bois sculpté.

Miniatures sur Vélin.

94. Deux très beaux feuillets de Missel peints sur les deux faces. Sur une face, ils représentent des vases de fleurs dans un encadrement décoré d'ornements sur fond d'or et de médaillons à paysages et à sujets : la manne et la trahison de Dalila.

Au verso : un passage de l'Ecriture avec encadrement analogue à celui du recto.

Ces deux remarquables miniatures ont été exécutées par Jarry.

95. Belle miniature sur vélin représentant Louis XIV à cheval.

Dans un précieux cadre du temps très délicatement sculpté à fleurs et feuillages.

96. Belle miniature sur vélin représentant la béatification de Saint Bruno.

Beau cadre ancien, en bois sculpté à rinceaux.

97. Miniature carrée, représentant la Sainte Famille, dans une couronne de feuillages, aux angles un bouquet de fleurs.

H. 14 L. 14.

98. Miniature ovale représentant la Vierge et l'enfant Jésus endormi.
    H. 12. L. 15.

99. Cadre contenant 17 miniatures sur vélin tirées de manuscrits anciens, et représentant des scènes de la vie de la Vierge, des scènes de la vie monastique et des animaux fantastiques.

100. Curieuse Gouache sur vélin représentant un marché à Rome. Il est animé de nombreuses figures en costume du temps.
    H. 19. L. 22.

101. Miniature ovale représentant Sainte Perpétue, au milieu d'un Reliquaire.
    Cadre en bois sculpté du temps de Louis XIV.

102. Deux miniatures sur vélin représentant l'une l'annonce aux Bergers, et l'autre le Christ pleuré par les Anges.
    Dans de jolis cadres anciens en bois noir ornés de bronzes.

103. Gouache sur vélin représentant une Sainte en prières, avec entourage de fleurs.

104. Gouache sur vélin représentant le Christ sur la montagne des oliviers.
    Cadre en bois sculpté du temps de Louis XIV.
    H. 29. L. 22.

Émaux.

105. Deux beaux volets de diptyque en émail de Limoges, représentant le Christ descendu de la Croix et la Résurrection. Beau travail de Nardon Pénicaud.
    Hauteur 26 1/2. L. 10 1/2.
    Ces deux plaques ont figuré à l'exposition rétrospective de Reims en 1876 et sont citées dans le travail publié à la suite de cette exposition dans la *Gazette des Beaux-Arts*, par M. Alfred Darcel, (numéro du 1er Juillet 1876).

106. Deux salières en émail d'Allemagne.

Porcelaines.

107. Deux petits plats en ancienne porcelaine de Chine, décor
à figures dans des équipages, en rouge et or.

108. Deux plats en ancienne porcelaine de Chine, décor à
personnages en promenade, bordure à décor bleu à cartels.

109. Pot à tabac cylindrique en ancienne porcelaine de Chine,
décor bleu à losanges.

110. Saucière en ancienne porcelaine, dite de l'Inde.

111. Sucrier en porcelaine de Chine, fond marron à médaillons
réservés, décorés en couleurs.

112. Deux buires en porcelaine de Chine, montées en bronze.

113. Deux vases en vieux Chine à décor de la famille rose.

114. Une boîte à thé et un pot à crème en vieux Chine, très
finement décorés à fleurs et volatiles.

115. Grande assiette en vieux Chine, décor à fleurs, en rose
et en vert.

116. Deux lampes en porcelaine de Chine, décor polychrome,
monture en bronze.

117. Petite théière en vieux Chine, décor à fleurs, la partie
inférieure cotelée.

118. Quatre plats oblongs et octogones en vieux Chine, décor
de la famille rose.

119. Compotier en vieux Chine, décor à fleurs en émaux roses
et verts.

120. Belle statuette de femme en ancienne porcelaine du Japon, décor en bleu rouge et or.

121. Deux statuettes de femmes en porcelaine du Japon.

122. Deux potiches en ancienne porcelaine du Japon, décor polychrome.

123. Petite fontaine en ancienne porcelaine du Japon.

124. Grand plat en ancienne porcelaine du Japon, à décor polychrome.

125. Deux compotiers en ancienne porcelaine du Japon, décor polychrome.

126. Deux plats en ancienne porcelaine du Japon, décor à arbres en fleurs, en bleu, rouge et or.

127. Deux grands plats en porcelaine du Japon, à décor laqué.

128. Quatre assiettes en porcelaine du Japon, décor bleu, rouge et or.

129. Plat en porcelaine du Japon, décor polychrome.

130. Assiette porcelaine du Japon, décor polychrome.

131. Neuf assiettes en porcelaine de Chine et du Japon.

132. Beau groupe en ancienne porcelaine d'Allemagne, représentant Paris offrant la pomme à Vénus en présence de l'Amour.
Sur socle en vernis Martin, décoré de sujets en couleurs.

133. Deux figurines en ancienne porcelaine de Saxe, femmes jouant de la musique.

134. Deux beaux vases en ancienne porcelaine tendre de Sèvres, fond bleu, décorés sur une face d'un médaillon de
fleurs, et sur l'autre face d'un médaillon à figures. Ces deux
vases sont malheureusement restaurés.

135. Deux beaux vases en porcelaine, décor dans le goût de
Sèvres, fond bleu turquoise à médaillons, à sujets champê-
tres.

136. Quatre tasses et six soucoupes en ancienne porcelaine de
Berlin, décor à bandes bleu et or et à boutons de roses.

137. Un sucrier et 13 assiettes en ancienne porcelaine dite à
la Reine, à décor de fleurs.

138. Un sucrier, deux tasses et quatre soucoupes en porcelaine
de Paris, décor à fleurettes.

139. Trois compotiers en porcelaine de Saxe, décor à fleurs.

Biscuits.

140. Joli brûle-parfums, en biscuit noir, du temps de Louis
XVI.

141. Grande figure en biscuit. Jeune homme en costume
Louis XV, portant deux oiseaux se becquetant.
Haut. 68.

Faïences — Poteries antiques

142. Deux très beaux vases forme aiguière, en ancienne faïence
de Faenza, décor à paysages, anses à torsade.
Haut. 42.

143. Beau plat rond en faïence de Bernard Palissy, décor à
masques d'hommes et de femmes, rosaces, fleurs, etc.

144. Autre plat en même faïence à décor semblable au précédent.

145. Autre plat en même faïence décoré d'un sujet représentant la Reine de Saba devant Salomon.

Ce plat qui a figuré à l'exposition rétrospective de Reims en 1876, est cité par M. Alfred Darcel, dans l'article qu'il a fait à propos de cette exposition dans la *Gazette des Beaux-Arts* (1er Juillet 1876).

146. Beau plat en ancienne faïence de Rouen, décor à la corne fleurie, oiseaux et papillons.

147. Trois plats rectangulaires et une corbeille en ancienne faïence de Strasbourg, décor au chinois.

148. Jolie Soupière en faïence ancienne, décor à fleurs et médaillons à personnages, le bouton du couvercle fermé par un fruit. Style Louis XV.

149. Deux grands vases en poterie grecque, fond noir décorés de cartels à figures en noir sur fond rouge.

150. Lot de vases de diverses formes en poterie antique.

Verrerie.

151. Pot à anse en verre opale, décor à figures.

152. Coffret en cristal monté en cuivre ciselé et doré : Epoque de la Restauration.

153. Coupe en verre rose, monture en cuivre ciselé et doré : Epoque de la Restauration.

154. Ecuelle avec plateau et couvercle en verre de Murano gravé.

155. Petit vase en verre décoré portant la date de 1678.

Sculptures.

156. Terre cuite. Beau groupe représentant Leda, le cygne et une nymphe.

Cette pièce remarquable est signée : Fait à Reims par Gabriel Charles Patoüillet, natif de Paris, le 14 7bre 1760.
H. 40. L. 50.

157. Terre cuite peinte. Bas relief représentant un évangéliste.

158. Marbre blanc. Panneau sculpté en haut relief avec rehauts d'or représentant la résurrection. Travail du XVIe siècle.
H. 39. L 24.

159. Albâtre. Bas relief représentant le Christ soutenu par les Anges Travail du XVI siècle.
H. 13. L. 10.

160. Marbre tendre. Groupe représentant Vénus et l'Amour dans une coquille entrouverte.

161. Albâtre. Bas relief représentant le Christ donnant la communion à ses disciples.

162. Ivoire. Vase cylindrique décoré d'une chasse au cerf.
H. 23c.

163. Ivoire. Groupe de figures grotesques. Travail Japonais.

164. Ivoire. Corne sculptée à sujet de chasse au cerf.

165. Ivoire. Groupe représentant la Vierge et l'enfant Jésus.
H. 20c.

166. Ivoire. Vase sculpté représentant le Christ bénissant au milieu de ses disciples.
H. 19c 1/2.

167. Ivoire. Bas relief sculpté représentant le Christ en croix.

168. Buis. Partie du bâton de la crosse de Saint Gibrien. Elle est entièrement couverte de petits sujets finement sculptés.

Cette pièce remarquable par son travail et intéressante par sa provenance, à figurée à l'exposition rétrospective de Reims en 1876.
La partie supérieure de la crosse se trouve au Trésor de la cathédrale de Reims.

169. Terre de pipe. Groupe représentant le Baiser de Houdon.

170. Gourde en noix de coco sculptée à attributs.

171. Vase en noix de coco sculptée à sujets relatifs aux saisons.

Matières Précieuses.

172. Deux vases en Spath fluor sur socles en mêmee matière.

173. Lot de fiches en nacre de perle, gravées au chiffre du roi Charles X.

Argenterie.

174. Un moutardier et 4 salières en argent de l'époque de la Restauration. Le moutardier est surmonté d'une tête de cheval et porte sur quatre griffes de lion.

175. Deux salières en argent repoussé, modèle à écusson tenu par des Amours. Epoque Louis XVI.

176. Beau porte huilier en argent ciselé. La tige représente un arbre donnant des olives dans le haut, et des raisins dans le bas. Les godets sont décorés l'un de feuilles de vignes et raisins, l'autre de feuilles et fruits d'olivier. Epoque Louis XV.

Bronzes.

177. Petit plateau ovale à galerie en bronze ciselé et doré à feuillages, anses à serpents. Epoque de la Restauration.

178. Médaillon en bronze ciselé et doré, représentant Minerve casquée.

179. Médaillon en bronze ciselé et doré, représentant Louis XIV.

180. Deux vases en cuivre repoussé et doré, de travail oriental.

Meubles.

181. Grand et beau cabinet en vieux laque du Japon, décor à paysage en or sur fond noir. Il est garni de serrures, écoinçons et ferrures en cuivre gravé du temps de Louis XIV. Posé sur table console en bois sculpté et doré à masques de femmes et d'hommes barbus. Époque Louis XIV.

182. Deux magnifiques bibliothèques en acajou garnies de bronzes finement ciselés et dorés. En haut un cartel à figure de l'histoire et des ornements ; en bas un masque d'homme, des sphinx et des ornements ; de chaque côté des colonnes d'acajou surmontées de chapiteaux supportant une femme conduisant un lion. Epoque du premier Empire.

183. Petite table en bois do.é, décor à tête de satyre, avec dessus en tapisserie au petit point représentant des personnages dans un parc.

184. Petite pendule avec son socle d'applique en corne verte, décor à fleurs en couleurs, ornés de bronzes. Epoque Louis XV.

185. Grand bureau plat Louis XV, en bois noir orné de bronzes.

186. Secrétaire en acajou à colonnes cannelées, orné de cuivre. Epoque Louis XVI.

187. Table en marqueterie de bois avec dessus de marbre. Epoque Louis XIII.

188. Pendule en marqueterie de cuivre, étain et écaille, orné de bronzes. Époque Louis XIV.

189. Belle commode forme demi-lune en marqueterie de bois, à grands médaillons sur le dessus et sur les tiroirs. Époque Louis XVI.

190. Table de nuit en marqueterie de bois, à losanges, tiroirs simulés garnis de cuivres.

191. Petite console Louis XV, en bois sculpté, peint en blanc avec dessus de marbre.

192. Quatre consoles Louis XV, en bois sculpté, peint en blanc avec dessus de marbre.

193. Console demi-lune en marqueterie de bois rose. Époque Louis XVI.

194. Très belle commode du temps de Louis XVI en acajou décorée de colonnes garnies de torsades en cuivre ciselé, la ceinture ornée de cuivres ajourés et ciselés, les panneaux et tiroirs avec encadrement à perles; pieds cannelés.

Tapisseries.

195. Six lambrequins de fenêtres avec pentes en tapisserie ancienne, à verdure et oiseaux.

Objets Divers.

196. Deux jolis tableaux en ancienne broderie de soie sur satin, représentant la Vierge et Saint-Jean. Cadres en bois sculpté du temps de Louis XIV.

197. Deux tableaux peints sur soie, représentant l'un des fleurs dans un vase, l'autre des colombes se becquetant.

198. Tabatière en mosaïque, représentant un chien.

199. Objets divers non catalogués.

CATALOGUE

DE LA

BIBLIOTHÈQUE

DÉPENDANT DE LA

Succession de M. Eugène CLICQUOT

Livres d'Heures sur vélin. — Peintures hindoues et chinoises. — Ouvrages sur la Chine et le Japon avec gravures coloriées. — Jacques Callot, environ 200 pièces. — Livres du XVIIIe siècle avec figures reliés en maroquin. — Livres modernes. — Gravures.

N. B. — Les Livres seront visibles le Mercredi **12 Juillet,** de neuf heures à midi.

REIMS

F. MICHAUD, Libraire de l'Académie

19, RUE DU CADRAN-SAINT-PIERRE

1893

LA VENTE AURA LIEU

LE MERCREDI 12 JUILLET 1893

A une heure précise, et le soir à huit heures et demie précises

SALLE BESNARD, RUE BUIRETTE, 35

Par Ministère de Commissaire Priseur

Assisté de M. F. MICHAUD, Libraire à Reims

ORDRE DES VACATIONS

PREMIÈRE VACATION. — *Mercredi 12 Juillet 1893, à une heure précise.*
DEUXIÈME VACATION. — *Mercredi 12 Juillet 1893, à huit heures et demie précises.*

CONDITIONS DE LA VENTE

La vente se fait au comptant.

Les acquéreurs paieront 10 0/0 en sus des enchères.

Les livres devront être collationnés sur place dans les vingt-quatre heures de l'adjudication. Passé ce délai, ou une fois sortis de la salle, ils ne seront repris pour aucune cause.

M. F. MICHAUD remplira les commissions des personnes qui ne pourraient y assister.

1. **Agriculture.** Nouveau cours complet d'agriculture du
XIXᵉ siècle, contenant la théorie et la pratique de la
grande et de la petite culture, l'économie rurale et
domestique, la médecine vétérinaire, etc., par les
membres de la section d'agriculture de l'Institut de
France. *Paris, Roret*, 1838, 16 vol. in-8 br., n. c.;
planches et figures.

2. **Alhoy (Maurice).** Physiologie de la Lorette, vignettes
de Gavarny. *Paris, Aubert, s. d.*, in-8 br., *manque
la couv.*

3. **Almanach** de la cour, de la ville et des départements,
pour l'année 1833. *Paris, Janet*, pet. in-12 cart.
bradel, tr. d., dans un étui; *figures.*

4. **Les Amours de Psyché et de Cupidon,** suivies
d'Adonis, poëme par La Fontaine. *Paris, imprimé
au Louvre par P. Didot l'aîné,* an V, (1797), in-4°
maroq. rouge, gardes soie bleue, dentelle intérieure
et sur les plats, dos orné, tr. dorée, *(Bradel l'aîné);*
5 figures d'après les dessins de Gérard.

   Exemplaire sur grand papier, légèrement rogné, témoins, une tache
   de jaune à 6 ff.

5. **Ancient reliques**; or, delineations of monastic, castel-
lated, et domestic architecture, and other interesting
subjects ; with historical and descriptive sketches.
London, Clarke, 1812-13, 2 vol. in-12 cart., n. r.,
nomb. gravures.

6. **Anquetil.** Histoire civile et politique de la ville de
Reims. *Reims, Delaistre-Godet*, 1756, 3 vol. in-12
veau marb., frontispices en rouge et en noir.

7. **Apollodore.** Bibliothèque d'Apollodore l'athénien. Traduction nouvelle, avec le texte grec, des notes et une
table analytique par E. Clavier. *Paris, Delance*, 1805,
2 vol. in-8 veau rose, reliure à compartiments, ornements à froid sur les plats. *(Thouvenin.)*

8. **Apulée.** L'Amour et Psyché, gravures d'après Natoire,
notices par A. Pons. *Paris, Quantin*, 1878, in-16 br.,
texte avec encadrement en bleu.

   De la collection antique.

9. **Argenville (Dezallier d').** Abrégé de la vie des plus fameux peintres, avec leurs portraits gravés en taille douce, les indications de leurs principaux ouvrages, et la manière de connaître les dessins et les tableaux des grands maîtres. *Paris, Debure*, 1762. 4 vol. in-8 veau marb. Beau frontispice par Boucher, gravé par Flippart, 4 vig. et 254 portraits ou cadres.

10. **Arioste.** Roland furieux, poëme héroïque de l'Arioste. Traduction nouvelle par M. d'Ussieux. *Paris, Brunet,* 1775-1783, 4 vol. in-8 veau rose, reliure à compartiments avec ornements à froid et dorés sur les plats et le dos, tr. dor. *Belle reliure de Thouvenin.*

    1 port. et **92** figures par Cochin et Moreau, gravés par de Launay, Lingée et Ponce.

11. **Arliquiniana** ou les bons mots, les histoires plaisantes et agréables recueillies des conversations d'Arlequin. *Paris, Delaulne,* 1694, in-12 veau brun, curieuse figure.

12. **Armengaud.** Les Reines du monde par nos premiers écrivains, ouvrage publié sous la direction d'Armengaud. *Paris, Lahure,* 1862, in-4° 1/2 chagrin bleu, plats toile, ornements dorés sur plats et le dos, tr. d., nombreuses et jolies gravures dans le texte.

13. **Augustin (Saint).** Les confessions de Saint-Augustin, traduites par le R. P. de Seriziers. *Paris, Jean Camusat.* 1639, petit in-12 veau marb. filets, tr. dor., titre gravé; légère mouillure.

14. LES BAISERS PRÉCÉDÉS DU MOIS DE MAI, poëme (par Dorat). *La Haye et Paris, Lambert et Delalain,* 1770, in-8 veau fauve, filets tr. marb. 1 frontispice par Eisen gravé par Ponce, 1 figure par Eisen gravée par de Longueil, 23 vignettes, 1 fleuron sur le titre et 22 culs-de-lampe par Eisen et Mariller, gravés par Aliamet, Baquoy, Binet, Delaunay, de Longueil et autres.

    Exemp. sur grand papier de Hollande, avec le titre imprimé en rouge et noir et suivi de l'*Imitation des poëtes latins.*

15. **Barbault.** Les plus beaux monuments de Rome ancienne, ou recueil des plus beaux morceaux de l'antiquité ro-

maine qui existent encore, dessinées *(sic)* par Barbault,
et gravés en 128 planches avec leur explication. *Rome,
Bouchard*, 1761, grand in-f° cart., n. r.

16. **Bataille de Dorking**. Invasion des prussiens en Angleterre, préface de Ch. Yriarte. *Paris, Plon*, 1871,
in-12 br., couv. illust., rare.
<small>Ouvrage attribué à Disraeli par erreur ; le véritable auteur serait le colonel Chesney.</small>

17. **Beauchamps (Godard de)**. Les amours d'Ismène et
d'Isménias, *La Haye*, 1743, in-12 veau marb., filets,
tr. d. Un titre gravé, 1 fleuron et 3 figures dans le
genre d'Eisen, non signées.
<small>Forte piq. de vers an 40 premières pages, et une dans la marge de tout le vol.</small>

18. **Beauvilliers (A)**. L'art du cuisinier. *Paris, Pillet*,
1816. 2 vol. in-8 veau violet, filets, ornements à froid
sur les plats, dos orné (*Thouvenin.*)
<small>Bel exempl., planches.</small>

19. **Béranger (P. J)**. Chansons, 1815 à 1851, et œuvres
posthumes. *Paris, Perrotin*, 1858-1860, 2 vol. in-18
cart., portrait.

20. **Béraud (l'abbé)**. Les serins, poème didactique, ou
traité complet pour l'éducation des serins. *Paris,
Mercier*, 1795, in 16 veau fauve.

21. **Berquin**. Romances. *Paris, Ruault*, 1776, pet. in-8
br., papier de Hollande.
<small>1 frontispice et 4 fig. par Mariller, gravées par Delaunay et Ponce La marge du frontispice rongée au milieu ; manque les titre et faux-titre, et les 6 ff. de musique gravée. Les fig. sont avant les nos. Mouill. dans la marge intérieure.</small>

22. **Bertall**. La Vigne, voyage autour des vins de France ;
étude physiologique, anecdotique, historique, humo-
ristique et même scientifique. *Paris, Plon*, 1878,
in-4° br., nombreux dessins dans le texte et hors texte.

23. **Bertholde**. Histoire de Bertholde, contenant ses avan-
tures, sentences, bons mots, réparties ingénieuses, ses

tours d'esprit, l'histoire de sa fortune et son testament ;
traduite de l'italien de G.-C. Croci. *La Haye, Pierre
Gosse,* 1750, in-8 veau marbré, *curieux portrait.*

24. **Bertrand (Léon).** Tonton tontaine tonton, préface par
Alex. Dumas, dessins de Martinus. *Paris, Dentu,* 1864,
in-12 br.

25. **Bèste** à sept testes, ou bèste jésuitique, conférences
entre Théophile et Dorothée. *Cologne,* 1693, in-12
veau ; un nom à l'encre sur le titre.

26. **Bhaguat-Geeta (Le),** ou dialogues de Kreeshna et
d'Arjoon ; contenant un précis de la religion et de la
morale des indiens. Traduit du sanscrit en anglais par
Wilkins et de l'anglais en français par Parraud. *Paris,
Buisson,* 1787, in-8 veau gris, ornements à froid sur
le dos et les plats *(Thouvenin).*

27. **Bible.** La Sainte Bible. Nouvelle édition. *Paris, Desoer,*
1819, 1 fort vol. in-8 texte à deux colonnes, relié
maroq. rouge, ornements à froid et dorés sur les plats
et le dos, tr. dor. *Splendide reliure de Thouvenin.*

28. **Boaistuau (P).** Histoires prodigieuses et mémorables,
extraictes de plusieurs fameux autheurs, grecs et latins,
sacrez et prophanes, par P. Boaistuau, C. de Tesse-
rant. F. de Belleforest, Rod. Hoyer, Arnauld Sorbin.
Paris, Gabriel Buon, 1598, 6 parties en 3 vol. in-16
veau fauve, tr. dor., dos orné.

> Édition illustrée de charmantes fig. très finement gravées sur bois.
> Ces vol. contiennent un curieux résumé de tous les canards, histoires
> prodigieuses, monstres, pluies de sang, signes apparus au ciel, inonda-
> tions, etc. La pagination des 6 parties se suit. Une légère réparation à
> l'angle du titre et une légère tache de jaune dans la marge du bas des
> vol. 2 et 3.

29. **Boreau (A).** Flore du centre de la France et du bassin
de la Loire. *Paris, Roret,* 1849, 2 vol. in-8 1/2 rel.
> Une légère tache dans la marge du tome Ier.

30. **Borel d'Hauterive.** Annuaire de la Noblesse. 31e année, 1875. *Paris, Dentu,* in-12 br., planches de
blasons en couleur.

31. **Boulanger.** Œuvres. *Paris, Servières*, 1792-93, 8 vol. in-8 maroq. rouge, dos orné, tr. d., reliure ancienne.
Une piqure de vers au tome 1er.

32. **Brizard (L'abbé).** Analyse du voyage pittoresque de Naples et de Sicile. *Paris, Clousier*, 1787, in-8 maroq. rouge, filets, dentelle int., tr. dorée., reliure ancienne.

33. **Brunet (Jacq.-Charles).** Manuel du libraire et de l'amateur de livres. *Paris, chez l'auteur*, 1820, 4 vol. in-8 veau fauve, dentelle sur les plats, tr. d. (*Ducastin*).

34. **Buc'hoz.** Amusemens des dames dans les oiseaux de volière ; ou traité des oiseaux qui peuvent servir d'amusement au beau sexe. *Paris*, 1785, in-12 br.

35. **Cailhava.** Les contes en vers et en prose de feu l'abbé de Colibri ou le Soupé, conte composé de mille et un contes. *Paris, Didot*, an VI, 2 vol. in-18 maroq. rouge, tr. dor.
Exempl. sur papier vélin.

36. **Callot (Jacques).** Album in-folio oblong relié en veau par *Thouvenin*.

Les deux grandes Vues de Paris. Signées *Callot fec.*

Le Brelan ou l'Enfant prodigue trompé par une bande de filous. *Pièce remontée et sans marges.*

La Chasse. Sig. *Jac. Callot In et Fe. sans marges.*

Combat a la Barrière. Sig. *Jac. Callot In et fec.*

Les trois Pantalons. Belles épreuves, le Cassandre est du 2e état.

Les Pénitents et Pénitentes, suite de 6 estampes y compris le titre.

Le Martyre de Saint Sébastien. Sig. *Callot In et fec. Israel Silvestre ex. Cum privil. Regis.*

Débarquement de troupes. Sig. *Callot fecit, Israel excudit, 1er* état.

Balli di sfessania. Suite de 24 pièces, belles épreuves du 3e état.

Les deux Pantalons. Pièce sig. *I. Callot F.*

Gloriasisimœ Virginis Dei Parœ Eloguim. Suite de 9 pièces. *Manque l'Assomption au Chérubin.*

La Parabole de l'Enfant prodigue. Suite de 11 pièces, manque la 1re estampe. *Copie.*

La Passion de Notre Seigneur. Suite de 12 estampes, dite la *Petite Passion.* Toutes les pièces sont signées au bas *Callot f.*

Le Martyre des Apotres. Suite de 16 estampes y compris le titre, elles portent toutes l'*Excudit d'Israel*, les 7 dernières sont remontées.

Les Exercices militaires. Suite de 13 pièces y compris le titre, 2e état.

Les grandes Misères de la Guerre. Suite de 18 estampes, à toutes marges, épreuves de toute beauté. Elles sont toutes signées *Israel ex. Cum. Privil. Reg.* sauf le n° 2 où *Privilegio Regis* se lisent en toutes lettres. Sur le n° 18 on lit : *Callot fecit Israel Excudit.*

Deuxième Entrée de Charles IV. On lit au milieu de la marge : *Entrée de Son Altesse à pied.*

Parterre dv Palais de Nanci taille en eav forte et dedie a Madame la Dvchesse de Lorraine *par Iacque Callot sont tres hu ser et sujeit le 15 doct. 1625.* Grande pièce signée à droite *Iac. Callot excudit Nancei,* 1er état

La Passion de Notre Seigneur. Suite de 7 estampes, dite *La Grande Passion.* Toutes les pièces sont en 1er état, sauf *Le lavement des pieds;* on y a ajouté *La Descente de Croix* de C. F. Silvestre, et une *Copie du Portement de la Croix.*

Combat de Veillane, près de Turin, livré le 10 juillet 1630. *Pièce anonyme.*

Cet Album contient en outre des pièces de Rembrandt, Berghem, Carle Dujardin, de Boissieux, Israel, Van Ostade, S. Le Clerc.

37. **Callot (J)**. Suite de douze estampes, dite la *Petite Passion.* Toutes les planches sont signées *Callot in.*

38. **Camoens.** La Lusiade, poëme héroïque sur la découverte des Indes orientales. Traduit du portugais par Duperron de Castera. *Paris, Huart,* 1735, 3 vol. in-12 veau marb. Un front. par Bonnart, et 10 fig. non signées.

39. **Catalogue** des livres provenant du cabinet de feu H. V. Lefebure de Rouen. *Paris, Chardin,* 1797, in-8 cart., n. r., de 2,008 n°s *avec les prix d'adjudication.*

40. **Catalogue** des livres de la bibliothèque de feu M. Mirabeau l'aîné, député. *Paris, Rozet,* 1791, in-8 cart., n. r., de 2,854 n°s *avec les prix d'adjudication.*

41. **Catalogue** des objets d'art qui composent la collection Debruge-Duménil. *Paris, Roussel,* 1849, in-8 br., de 2,061 n°s avec 4 planches de reproductions.

42. **Catalogue** des livres imprimés et manuscrits et des autographes composant le cabinet de feu M. Bruyères Chalabre. *Paris, Merlin.* 1833, in-8 br. de près de 1,500 n°s.

43. **Catalogue** d'une magnifique collection de tableaux de premier ordre des maîtres les plus distingués. *Paris, Leroux,* 1825, in-8 de 67 n°s bien décrits.

44. **Catalogue** d'une collection nombreuse d'estampes de toutes les écoles ; livres à figures, livres sur les arts ; tableaux et dessins provenant du cabinet de M. le comte V... P..., par Regnault Delalande. *Paris*, 1820, in-8 br. de 862 nos avec table.

45. **Notice** de livres et manuscrits précieux, de dessins au bistre, à la plume, à l'aquarelle et autres, de Bernard Picard, J. Cousin, Seb. Leclerc, Castellan, Desenne, Calmé, Chasselat, Choquet ; de nomb. suites de vig. et grav., de recueils de peintures faites dans l'Inde, en Chine et au Japon. *Paris, Nepveu*, 1821, in-8 br. de plus de 450 nos.

46. **Catalogue** des objets d'art, de curiosité et d'histoire naturelle, composant le cabinet de feu M. L.-M.-J. Duriez (de Lille). *Paris, Roussel*, 1829, in-8 br. de 1,320 nos.

47. **Catalogue** des livres, la plupart rares et précieux, et d'une suite des grands ouvrages à figures composant la bibliothèque de M. ***. *Paris, Merlin*, 1829, in-8 br. de 1,963 nos.

48. **Catalogue** des livres composant la bibliothèque de M. B*****. *Paris, Merlin*, 1829, in-8 br. de 2,197 nos.

49. **Catalogues.** Description sommaire des desseins *(sic)* des grands maîtres d'Italie, des Pays-Bas et de France, du cabinet de feu M. Crozat, avec des réflexions sur la manière de dessiner des principaux peintres, par Mariette. *Paris, Mariette*, 1741, plus de 1,000 nos bien décrits avec les prix d'adjudication. -- Description des pièces gravées du cabinet Crozat, *Mariette*, 1741, 1,380 nos. — Catalogue raisonné d'une collection choisie de minéraux, madrépores, coquilles, etc. *Paris, Delalain*, 1769, 990 nos. — Catalogues de livres, tableaux, dessins, porcelaines, etc. *Anvers, Grange*, 1769, 1.972 nos. — Catalogue de tableaux, estampes, etc. 460 nos. Ensemble, 5 catalogues reliés en 1 vol. in-8 veau.

50. **Catalogue** d'une partie de livres rares, singuliers et précieux, dépendant de la bibliothèque de M. Charles Nodier. *Paris, Merlin*, 1827, in-8 br. de 399 nos.

51. **Bibliotheca** Lauwersiana ou catalogue des livres rares et précieux de la bibliothèque de feu M. J.-B. Lauwers. *Anvers, Ancelle*, 1829, in-8 br. de 2,582 n^{os}.

52. **Catalogue** d'une précieuse collection de livres anciens et rares, la plupart en riches et élégantes reliures, provenant du cabinet de M. A. A. *Paris, Techener*, 1839, in-8 br., n. c., de 817 n^{os}.

53. **Catalogue** d'un choix de livres des plus précieux, la plupart ornés de dessins originaux très remarquables; provenant de la bibliothèque de M. Le C... J. *Paris, Silvestre*, 1829, in-8 br., de 556 n^{os}.

54. **Catalogue** des livres, la plupart en papier vélin, composant la bibliothèque de M. Didot l'ainé, ancien imprimeur du roi. *Paris, De Bure*, 1823, in-8 br.

55. **Catalogue** de la bibliothèque de M. P*******, collection curieuse de livres sur la jurisprudence, les sciences naturelles, les beaux-arts, la littérature, l'histoire, l'archéologie, etc. *Paris, Merlin*, 1832, in-8 br., de 2,594 n^{os} bien décrits.

56. **Catalogue** des livres imprimés et manuscrits, composant la bibliothèque de feu M. J.-P. Abel-Rémusat. *Paris, Merlin*, 1833, in-8 br., de 1,683 n^{os}.

57. **Catalogue** des livres, la plupart rares et précieux, et tous de la plus belle condition, faisant partie de la bibliothèque de M. le marquis de Ch***. *Paris, Merlin*, 1827, in-8 br., de 2,754 n^{os}.

58. **Catalogue** des poinçons, coins et médailles du Musée monétaire de la commission des monnaies et médailles. *Paris, Pihan*, 1833, 1 fort vol. in-8 br.

On a ajouté à ce catalogue celui de la collection de médailles des campagnes et du règne de Napoléon Ier, br. in-8, et celui des médailles relatives aux évènements des années 1789 à 1815, br. in-4°.

59. **Caylus**. Œuvres badines complettes du comte de Caylus, avec figures. *Amsterdam et Paris, Visse*, 1787, 12 vol. in-8 maroq. brun, tr. d., reliure ancienne.

Un portrait par Cochin gravé par Delaunay, 24 figures par Mariller gravées par Baquoy, Fessard, de Ghendt, Patas et autres.

60. **Caylus.** Recueil d'antiquités égyptiennes, étrusques, grecques et romaines. *Paris,* 1756 67, 7 vol. in-4º veau fauve, plus de 800 planches.

Piqûres de vers dans la marge des tomes 1, 2, 7, et dans le texte du tome 6.

61. **Caylus.** Recueil de trois cents têtes et sujets de composition, d'après les pierres gravées antiques du cabinet du roi. *Paris, Basan,* s. d., in-4º veau fauve.

Une piq. de vers dans la marge du bas d'une quarantaine de pages.

62. **Cérémonies usitées au Japon** pour les mariages et les funérailles, suivies de détails sur la poudre Dosia, de la préface d'un livre de confontzée sur la piété filiale, le tout traduit du japonais par Titsingh. *Paris. Nepveu,* 1819, 1 vol. in-8 br. et 1 atlas in-8 oblong cart., de 16 planches en couleur dont 10 doubles.

63. **Cérémonies** et coutumes religieuses de tous les peuples du monde, représentées par des figures dessinées par B. Picart, avec des explications historiques et des dissertations curieuses. *Amsterdam, Bernard,* 1723-1737, 7 vol. in-fº veau brun.

Ouvrage contenant plus de 220 planches en 1er tirage ; plusieurs vol. contiennent 2 et 3 parties ne formant qu'un tome ; une légère déchirure au titre du tome 6.

64. **César.** Les commentaires de César, nouvelle édition, revue et retouchée avec soin, par M. de Wailly. *Paris, Barbou,* 1788, 2 vol. in-12 veau marb., tr. d. Texte latin avec la traduction en regard. Bel exemplaire.

65. **Champfleury.** Histoire des faïences patriotiques sous la Révolution. *Paris, Dentu,* 1867, in-12 br. nombreuses figures.

66. **Chanzy (le Général).** Campagne de 1870-1871. La deuxième armée de la Loire. *Paris, Plon,* 1871, in-8 br.

67. **Chateaubriand.** Album de Chateaubriand, 20 gravures en taille-douce avec texte ; dessins de Staal, gravés par Geoffroy et Monnin ; texte encadré. *Paris, Philippart.* s. d., in-8 br.

68. **Chateaubriand.** Atala, René, le dernier des Abencera-
ges, les quatre Stuarts, voyages, etc. *Paris*, 1851, in-8
br. *5 fig. de Staal, avant la lettre, sur Chine.*
Quelques pages du texte tachées de roux.

69. **Chateaubriand.** Suite de 32 figures de Staal, gravées
sur acier par F. Delanoy, pour illustrer les *Mémoires
d'Outre-tombe. Paris, Dion*, 1852, in-8 en feuilles.

70. **Chévigné (de).** Les contes rémois, par le Cte de C...
(Chévigné), dessins de E. Meissonier. Troisième édition.
Paris, Michel Lévy frères, 1858, in-12 maroq. brun,
filets, dentelle intérieure, dos orné, tr. dor. marb.
(Champs).
Bel exemplaire de la 1re édition illustrée par Meissonier.

71. **Chévigné (de).** Les contes rémois, dessins par E. Meissonier. Quatrième édition. *Paris, Lévy*, 1861, in-12 br.
Brochure fatiguée.

72. **La Chine en miniature,** ou choix de costumes, arts
et métiers de cet empire, représentés par 74 gravures,
la plupart d'après les originaux inédits de M. Bertin,
avec notices par Breton. *Paris, Nepveu*, 1811-12,
6 vol. in-12 maroq. rouge, dent., dos orné, tr. dor.
Bel exemplaire avec la suite des figures en couleur.

73. **Cicéron.** Les oraisons, traduites en françois, sur la nou-
nouvelle édition d'Hollande 1724, par de Villefore.
Paris, Gandouin, 1732, 8 vol. in-12 maroq. brun,
dentelle intérieure, dos orné, tr. dor., front. gravé. —
Entretiens de Cicéron sur les orateurs illustres, avec
notes par de Villefore. *Paris, Estienne*, 1726, 1 vol.
in-12 maroq. brun. — Traité des loix de Cicéron, traduit par Morabin. *Paris, Mariette*, 1719, 1 vol. in-12
maroq. bleu foncé. — Traité de la Consolation, traduit
par Morabin. *Paris, Guérin*, 1753, 1 vol. in-12 maroq.
bleu foncé. — Des orateurs, dialogue, traduit par
Morabin. *Paris, Fournier*, 1722, 1 vol. in-12 maroq.
bleu foncé. Ensemble 12 vol., reliure uniforme comme
fers et dorures.

74. **Claretie (Jules).** Jean Mornas. *Paris, Dentu*, 1885,
in-12 br., couvert.
Première édition.

75. **Clicquot de Blervache.** Essai sur les moyens d'améliorer en France la condition des laboureurs, des journaliers, des hommes de peine des campagnes, celle de leurs femmes et de leurs enfants. Par un Savoyard. *Chambéry*, 1789, 2 vol. in-8 demi-rel. ; 1 jolie figure.

76. **Collection des Bibliophiles de Reims.** 12 vol. petit in-8 papier de couleur ou vergé, brochés *et tirés au nom du souscripteur, savoir* :

1° *Le noble et gentil jeu de l'arbaleste à Reims.*
2° *Miniature d'une Bible du XIV⁰ siècle (1378), et fac-simile du texte, 20 pl. et 1 fac-simile.*
3° *Histoire chronologique, pathologique, politique, économique, artistique, soporifique et melliflue du très noble, très-excellent et très-vertueux pain d'épice de Reims.*
4° *Les Lépreux à Reims ; quinzième siècle.*
5° *Mémoires de M. Fr. Maucroix, chanoine et sénéchal de l'église de Reims, 2 vol.*
6° *L'entrée du Roy nostre sire en la ville et cité de Paris.*
7° *Une émeute en 1649 (à Reims). — Mazarinade (pub. par L. Paris).*
8° *Li purgatoire di Saint-Patrice. Légende du XIII⁰ siècle, publiée d'après un manuscrit de la bibliothèque de Reims.*
9° *Louis XI et la Sainte-Ampoule (pub. par Pros. Tarbé).*
10° *Discours de ce qu'a fait en France le héraut d'Angleterre et de la réponse que lui a faite le roi le 7 Juin 1557.*
11° *Inventaire de Richard Picque, archevêque de Reims, 1389.*

77. **Compendium** code des jésuites, contenant les maximes des casuités sur l'adultère — le viol, — le libertinage, — l'assassinat, etc. *Paris, Albert,*1846, in-16 br.

78. COSTUMES CHINOIS. En 1 vol. in-folio, demi maroq. vert.

Les miniatures qui composent ce recueil sont des plus remarquables, les têtes sont pleines d'expression et la richesse des couleurs des costumes sont rehaussées d'or et d'argent.
Ces peintures sont anciennes et superbes de conservation.

79. **Couailhac (L).** Physiologie du célibataire et de la vieille fille, illustrations d'Henri Monnier. *Paris, Laisné,* 1841, in-18 br., *cachet sur la couv.*

80. **Couailhac (L).** Physiologie du théâtre à Paris et en province, vignettes de Emy, gravées par Birouste. *Paris, Laisné*, 1842, in-18 br.

81. **Darcel (Alfred).** Notice des émaux et de l'orfévrerie du musée du Louvre. *Paris,* 1867, 1 fort vol. pet. in-8 br.

82. **Daudet (Alph).** Rose et Ninette, mœurs du jour. *Paris, Flammarion*, s. d., in-12 br., couv. et frontispice de Marold.

1e édition.

83. **Délassemens (Les)** d'un paresseux, par un C. R. d'E. A. C. D. L., chanoine régulier d'Eaucourt, ancien curé de Liegescourt. (Par L. J. Dumarquez). A Pigritiopolis, et se vend à *Lille, chez Vanackere*, 1790, pet. in-12 maroq. rouge, filets, tr. d.

84. **Delpit (Albert).** La marquise. *Paris, Ollendorff*, 1882, in-12 br. couvert.

1e édition.

85. **Demoustier.** Lettres à Emilie sur la mythologie. *Paris, Tenré*, 1820, 2 vol. in 8 veau bleu, filets dorés et dentelle à froid sur les plats, tr. d.; 6 figures par Choquet, *avant la lettre.*

86. **Depping.** Voyage pittoresque en Russie, orné de 30 gravures représentant les vues des principales villes, sites, monumens de l'empire Russe, recueillies par le Comte Charles de Recbberg, gravées par les meilleurs artistes, avec un texte descriptif et historique par Depping. *Paris, Bance*, 1832, in-folio cart. n. r.

87. **Deshoulières (Mme).** Poësies de Mme Deshoulières, nouvelle édition augmentée de toutes ses œuvres posthumes *Paris, Villette*, 1705, in-12 veau brun; 1 joli portrait par Van Schuppen. *Un nom à l'encre sur le titre.*

88. **DEUX PEINTURES CHINOISES sur Gaze de soie,** (anciennes). *Scènes à deux personnages avec paysage.*

89. **Diancourt (V.).** Les allemands à Reims, 1870-1871, aperçu historique. *Reims, Michaud*, 1884, in-8 br., planches.

Epuisé.

90. **Dictionnaire (Nouveau)** français-allemand et allemand-français, à l'usage des deux nations. *Strasbourg, Koenig,* 1800, 2 vol. in-4° bas. rac.
Une piq. de vers au plat de la reliure d'un vol.

91. **Diderot.** La religieuse. *Paris, Le Prieur,* 1797, 3 vol. in-18 br., 3 jolies fig.
Une piq. de vers à l'extrémité de la marge extérieure de 3 ff. du tome II.

92. **Didot (Firmin).** Annibal, tragédie en cinq actes, *Paris, Didot,* 1817, in-8 br.

93. **Dorat.** Recueil de poésies. *Paris,* 1763-1777, 2 vol. in-8 veau écaille, filets, tranch. marbr.
Exemplaire contenant :

Lettre de Barnevelt. *Paris, Jorry.* 1763. 1 fig., et 1 cul-de-lampe par Eisen, gravés par de Longueil.
Lettre du comte de Comminge à sa mère. *Paris, Jorry,* 1764. 2 fig., 2 vig. et 2 culs-de-lampe par Eisen, gravés par Longueil.
Lettre d'Alcibiade à Glicère. *Paris, Jorry,* 1764. 1 fig., 3 vig. et 2 culs-de-lampe par Eisen, gravés par Aliamet, de Longueil et Le Mire.
Les dévirgineurs et combabus. *Amsterdam,* 1765. 2 fig par Eisen, gravées par Longueil.
Irza et Marsis, *Paris, Delalain,* 1769. 1 titre gravé, 3 fig., 2 vig. et 2 culs-de-lampe par Eisen, gravés par de Longueil, Massard et de Ghendt.
Sélim et Sélima. *Paris, Delalain,* 1769, 1 fig. par Eisen, gravée par de Ghendt.
Les cerises et la méprise. *La Haye,* 1769. 1 joli fig. par Eisen, gravée par de Longueil.
Ma philosophie. *Paris, Delalain,* 1771. 1 fig., 1 vig. et 1 cul-de-lampe par Eisen, gravés par de Ghendt.
Anacréon citoyen. *Amsterdam,* 1774.
Epitre à Pierre Bagnolet. S. l. n. d. (1777). 1 fig. par Marillier, gravée par de Launay.

94. **Dorat.** Théâtre. *Paris,* 1777-1780, 2 vol. in-8 veau fauve, filets, tr. ; dor. 3 frontispices, 1 titre gravé et 2 fig. par Marillier et Queverdo, gravés par Duflos, Delaunay et Dambrun. — Adelaïde de Hongrie. — Pierre le Grand. — Zoramis. — Roséïde ou l'intrigant. — Le malheureux imaginaire. — Le chevalier français à Londres. — Le chevalier français à Turin. Chaque pièce avec pagination spéciale.

95. **Dresde** avec ses édifices et ses plus beaux environs. *Dresden, H. Rittner,* in-4° oblong cart. de 24 planches, avec les notices en allemand et en français.

96. **Droz (Gustave).** Babolain. *Paris, Hetzel*, 1872, in-12 br., couverture.
    Première édition.

97. **Dubut de Laforest.** Le Gaga, mœurs parisiennes. *Paris, Dentu*, 1886, in-12 br.
    Épuisé, rare.

98. **Ducrot (le général).** La journée de Sedan. *Paris, Dentu*, 1871, in 8 br., carte.

99. **Du Laurent.** Le compère Matthieu, ou les bigarrures de l'esprit humain. Nouvelle édition, à laquelle on a réuni les *Abus dans les cérémonies et dans les mœurs. Blois, Billault*, an II, 4 tomes en 2 volumes maroq. vert, dentelle int. et sur les plats, tr. d., reliure ancienne.

100. **Duplessi-Bertaux.** Album de la jeunesse, des amateurs et des artistes. composé de 25 sujets divers, arts et métiers, chevaux, chasses, scènes militaires, vues, etc.; dessinés et gravés à l'eau-forte par Duplessi-Bertaux ; précédé de son portrait et d'une notice historique sur les petits-maîtres Callot, La Belle et Sébastien Leclerc. *Paris, Joubert*, 1823, in-8 oblong demi-rel.

101. **Éléonore**, ou l'heureuse personne. *Paris*, an VII, in-16 br., 3 fig.
    Édition originale, rare et recherchée.

102. **Emery (d').** Nouveau recueil de secrets et curiositez, les plus rares et admirables de tous les effects, que l'art et la nature sont capables de produire. *Amsterdam, Mortier*, 1697, 2 vol. in-12 veau brun, figures.

103. **Faidherbe (le Général).** Campagne de l'armée du Nord en 1870-1871, avec une carte, des notes et des pièces justificatives. *Paris, Dentu*, 1871, in-8 br.

104. **Fénelon.** Les Aventures de Télémaque *(Paris)* de *l'Imprimerie de Monsieur*, 1785, 2 vol. in-4° veau écaille, dentelle sur les plats, dos orné, tr. d.; 2 frontispices, 24 planches, avec le texte des sommaires des

chants gravés et ornés de culs-de-lampe, et 72 figures,
d'après les dessins de Monnet, par J.-B. Tilliard.

Exempl. sur papier vélin, une piqûre de vers dans la marge extérieure des 160 premières pages du tome Ier.

105. **Feuillet (Octave)**. La Veuve. — Le Voyageur. *Paris,
Lévy*, 1884, in-12 br. couv.

1re édition.

106. **Fiévet (Victor)**. Madame veuve Clicquot (née Pon-
sardin), son histoire et celle de sa famille, avec 3 portraits, une fig. et 2 autographes. *Paris, Dentu,* 1865,
in-16 br.

Rare.

107 **Figuier (Louis)**. L'Homme primitif ; ouvrage illustré
de 39 scènes de la vie de l'homme primitif, composées
par E. Bayard, et de 246 fig. représentant les objets
usuels des premiers âges de l'humanité, dessinées par
Delahaye. *Paris, Hachette,* 1870, in-8 br.

108. **FLEURS PEINTES SUR SOIE** en un album
in-fol. veau, dos orné, dent. sur les plats, *(Bozerian)*.
*Recueil de 26 Aquarelles peintes sur soie, d'un
travail exquis qui nous les fait attribuer* à Redouté.

109. **Florian**. Galatée ; roman pastoral ; imité de Cervantès.
Genève, 1784, in-16 veau fauve, fil., tr. dor.

Un frontispice-portrait par Flouest, gravé par Boily.

110. **Florus**. Abrégé de l'histoire romaine, traduction française avec le latin, par l'abbé Paul. *Paris, Barbou,*
1774, in-12 veau brun, filets, tr. dor.

111. **Formulaire** fort recreatif de tous contraz, donations,
testamens, codicilles et autres actes, qui sont faicts et
passés par devant notaire et témoings. Faict par Bre-
din le cocu, notaire rural et contre-roolleur des Basses-
marches au royaume d'Utopie, par lui depuis nagueres
reveu et accompagné pour l'édification de tous bons
compagnons, d'un dialogue par luy tiré des œuvres du
philosophe et poète grec Symonides de l'origine et
naturel fœminini generis. *A Paris,* 1615, pet. in-12,
de 308 pp. plus 1 f. de table et un autre sur lequel est
un fleuron, veau marb., filets.

Livre rare et curieux et fort recherché.

112. **Gallois (Léonard).** Histoire abrégée de l'inquisition d'Espagne, avec notice sur la vie et les écrits de Llorente, et ornée *de son portrait. Paris, Chasseriau,* 1823, in-16 veau souris.

113. **Gasparin.** Cours d'Agriculture, 3me édition. *Paris, Librairie agricole,* s. d., 6 vol. in-8 br.

114. **Gay (C.).** Matin et soir, poésies. *Paris, Fischbacher,* 1881, p. in-12 br., papier teinté.

115. **Gérard Jacob K.** Traité élémentaire de numismatique ancienne, grecque et romaine, composé d'après celui d'Eckhel. *Paris, Aimé-André,* 1825, 2 vol. in-8 br., planches.

> On a joint à cet exemplaire : Notice sur la rareté des médailles antiques, leur valeur et leur prix calculés d'après Pinkerton et Lipsius par G. Jacob.

116. **Gesner.** Œuvres complettes de M. Gesner (sic). S. l. n. d. (*Paris, ou Genève, Cazin, 1778*), 3 vol. in-18 br., n. r.

> 3 titres et 1 portrait par Marillier, gravés par De Launay, et 14 jolies fig. aussi par Marillier, gravées par de Ghendt, Delignon, Duflos et De Launay ; mouillure dans la marge du haut.

117. **Gilles de la Tourette.** L'hypnotisme et les états analogues au point de vue médico-légal ; les états hypnotiques, les suggestions, etc Préface du Dr Brouardel. *Paris, Plon,* 1887, in-8 br., n. c.

118. **Grafigny (Mme de).** Œuvres complètes. Nouvelle édition. *Paris, Lelong,* 1821, in-8 veau fauve, dent., dos orné.

> 1 portrait gravé par Gaucher, et 9 fig. de Le Barbier et Chasselat, gravées par Halbou, Patas, Choffard, Couché et autres.

119. **Grécourt.** Œuvres diverses de M. de Grécourt, nouvelle édition, augmentée du Philotanus, de la Bibliothèque des damnés, etc. *Londres,* 1780, 4 vol. in-16 veau marb., filets, tr. d. ; 4 jolies fig. non signées.

120. **Guenon (F.).** Abrégé du traité des vaches laitières. *Paris, Imprimerie nationale,* 1851, in-12 br., figures.

> Épuisé, rare.

121. **Guicciardin (Loys)**. Les hevres de récréation, de
M. Loys Gvicciardin, gentil-homme florentin. Faictes
italiennes et françoises, pour l'vtilité de ceux qui désirent apprendre les deux langues. *Paris, Pierre Gville-
mot*, 1636, in-12 maroq. rouge, dos et plats ornés, tr. d.
<small>Mouil. et 1 piq. de vers à 5 ff.</small>

122. **Guizot.** Mémoires pour servir à l'histoire de mon temps.
Paris, Lévy, 1872-1875, 8 vol. in-12 br.

123. **Guyot.** Nouvelles récréations physiques et mathéma-
tiques, contenant toutes celles qui ont été découvertes
et imaginées dans ces derniers temps, sur l'aiman, les
nombres, l'optique, la chymie, etc., qui n'ont jamais
été rendues publiques. *Paris, Gueffier*, 1769, 8 tomes
en 4 vol, in-8 veau, *planches en couleur*.

124. **Guys.** Voyage littéraire de la Grèce, ou lettres sur les
grecs anciens et modernes, avec un parallèle de leurs
mœurs. *Paris, Veuve Duchesne*, 1776, 2 vol. in-8
veau marb., filets. Figures par Favray, Massil et autres.

125. **Halévy (Ludovic)**. L'abbé Constantin. *Paris. Lévy*,
1882, in-12 br.
<small>Première édition, un nom à l'encre sur la couverture.</small>

126. **Hancarville (d')**. Monumens du culte secret des dames
romaines. *A Rome*, 1787, in-8 cart , n. r.
<small>Texte gravé, 1 frontispice et 22 planches gravées avec encadrement.</small>

127. **Hardouin de Perefixe.** Histoire du roi Henri le
Grand, avec une notice sur Henri IV par Andrieux, et
un beau portrait. *Paris, Ledoux*, 1822, in-8 maroq.
brun, ornements dorés sur les plats et le dos, gardes
tabis rose, tr. dor. *(Hommage de Thouvenin)*.

128. **Hecquet.** Catalogue des estampes gravées d'après Rubens. Auquel on a joint l'œuvre de Jordaens et celle de
Wisscher. Avec un secret pour blanchir les estampes et
en ôter les taches d'huile. *Paris, Briasson*, 1751. —
Catalogue d'un cabinet de diverses curiosités, d'estampes, de tableaux et d'une suite unique de petits portraits peints en émail par Petitot. *Paris, Delormel*,
1752. — **Catalogue** raisonné des curiosités naturelles
du cabinet de M. Geoffroy. Ensemble 1 vol. in-12 veau.

129. Helvetius. Poésies. *Londres (Cazin)*, 1781, in-16 veau marb., fil., tr. d., portrait.

130. Henriet (Frédéric). Le paysagiste aux champs, croquis d'après nature. Eaux-fortes par Corot, Daubigny, L. et J. Desbrosses, Lalanne, Lhermitte, Péquégnot et Portier. *Paris, Faure*, 1866, in-8 br.

131. Herculanum et Pompéï. Recueil général des peintures, bronzes, mosaïques, etc. découverts jusqu'à ce jour, et reproduits d'après le Antichita di ercolano, il museo borbonico, et tous les ouvrages analogues ; augmenté de sujets inédits, gravés par Roux, avec texte explicatif par Barré. *Paris, Didot*, 1840, 8 vol. in-8 cart. bradel, n. r.

Très bel exemp. bien complet avec le 8me vol. qui comprend le Musée secret.

132. Héroïdes (Recueil d') ou lettres en vers. 1 vol. in-8 veau marb.

Ce recueil contient : Lettre de Jean Calas à sa femme et ses enfants. *Paris, Jorry*, 1767, 1 fig., 1 vig. et 1 cul-de-lampe, par Eisen, gravés par de Ghendt et Massard. — Lettre de la duchesse de La Vallière à Louis XIV. *Paris, Le Jay*, 1773, 1 fig. par Le Brun, gravée par Dupin et de Saint-Aubin, 1 vig. et 1 cul-de-lampe non signés. — Lettre du lord Velford à Milord Dirton. *Paris, L'Esclapart*, 1765, 2 fig., 1 vig. et 1 cul-de-lampe par Eisen, gravés par de Longueil et Aliamet. — Lettre de Pétrarque à Laure. *Paris, Jorry*, 1765, 1 fig. par Gravelot, gravée par Pithoud. — Lettre de l'abbé de Rancé à un ami. *Paris, Duchesne*, 1765, 1 fig., 1 vig. et 1 cul-de-lampe par Eisen, gravés par de Longueil. — Lettre de Caton d'Utique à César. *Paris, Lambert*, 1766, 1 fig. par Gravelot, gravée par Fessard. — Le courier de Henri IV. 1 fig. par Desrais, gravée par Deny. — Adonis. *Paris, Musier*, 1778, 1 front., 1 fig., 1 vig. et 1 cul-de-lampe par Eisen, gravés par Ponce. — Zéluca à Joseph. *Paris, Delalain*, 1769, 1 fig. non signée. — Gabrielle d'Estrées à Henri IV. *Amsterdam, Chaugnion*, 1768, 1 fig. par Gravelot, gravée par Le Vasseur.

133. HEURES A L'USAGE DE ROME IMPRIMÉES SUR VÉLIN. Ces presentes heures à lusaige de Rôme furêt acheuez *le xvj iour de Septembre. Lan mil cccc. iiii. xx et x viiii pour Simon Vostre libraire demourant a Paris a la rue Neuve nostre dame a lymage Sainct Jehan leuangeliste.* Sur le titre la marque de Philippe Pigouchet. 1 vol. petit in-4° gothique maroq. vert, rel. anc.

Le verso du titre contient *l'Homme anatomique* et le recto du 2e ff. l'almanach pour XXI ans, commençant en 1498. Il y a dans le texte 21 grandes figures parmi lesquelles on remarque *l'Arbre de Jessé, le Combat où Urie fut tué, le Jugement dernier*, etc. Dans les bordures fort belles on remarque *les Vertus théologales et Cardinales, la Vie de J. C. et de la Vierge Marie, Suzanne, l'Enfant prodigue, la Danse des morts*, etc.

134. **Histoire de la Guerre** de 1870-1871. Relations illustrées de la campagne franco-allemande, avec portraits, dessins de batailles, plans, cartes géographiques et topographiques. *Bruxelles, Rozez,* 1872, 1 vol in-f°, en fascicules.

135. **Histoire** secrète des amours de Henri IV, 'roi de Castille, surnommé l'impuissant. *La Haye, Roguet,* l'année courante, in-12 veau marb.

136. **Hubert (Lucien).** La légende du champagne. *Paris, Vanie·,* 1890, br. in-12, couverture illustrée par Ulysse Roy.
Envoi d'auteur signé.

137. **Hugo (Victor).** Les feuilles d'automne. — Les chants du crépuscule. *Paris, Hachette,* 1859, in-12 br., couv.

138. **Hugo (Victor).** Œuvres. *Paris, Hachette,* 1863-1873, 20 vol. in-12 1/2 veau fauve, *bel exempl. reliure neuve.*
Théâtre 4 vol. — Odes et Ballades 1 vol. — Les Contemplations 2 vol. — Les Rayons et les Ombres, les Voix intérieures 1 vol. — Littérature et philosophie mêlées 2 vol. — Notre-Dame de Paris 2 vol. — Les Orientales 1 vol. — Le Rhin 3 vol. — Bug-Jargal, le Dernier jour d'un condamné, Claude Gueux 1 vol. — Han d'Islande 2 vol. — La légende des siècles 1 vol.

139. **Hulot (L'Abbé H.-L.).** Attigny avec ses dépendances, son palais, ses conciles et autres évènemens qui ont contribué à son illustration et à sa décadence. *Rheims, Delaunois,* s. d. (1820), in-8 br., pl.

140. **Jacquemart.** Les merveilles de la céramique, ou l'art de façonner et de décorer les vases en terre cuite, faïence, grès et porcelaine, depuis les temps antiques jusqu'à nos jours. *Paris, Hachette,* 1868-1871, 3 vol. in-12 cart. toile, tr. rouge, nombreuses figures.

141. **Janin (Jules).** La Bretagne, illustrée en noir et en couleur par Bellangé, Gigoux, Gudin, Isabey, Morel-Fatio, J. Noël, Rouargue, etc. *Paris, Bourdin,* 1844, in-8 broch., couv.

142. **Janin (Jules).** La Normandie, illustrée en noir et en couleur par Morel-Fatio, Tellier, Gigoux, Daubigny, Bellangé, A. Johannot. *Paris, Bourdin,* 1844, in-8 br., couv.

143. JAPON (LE). OU MŒURS, USAGES ET COSTUMES des habitants de cet empire, d'après les relations de Krusenstern, Langsdorf, Titzing, etc., suivi de la relation du voyage et de la captivité du capitaine russe Golownin, par Breton. *Paris. Nepveu*, 1818, 4 vol. in-12 maroq. rouge, dent., dos mosaïque, tr. dor. 51 gravures en couleur, dont plusieurs d'après des peintures japonaises inédites.

144. **Jullien (Ernest)**. La chasse, son histoire et sa législation. *Paris, Didier*, s. d. (1868), 1 fort vol. in-8 br.

145. **Jung (G)**. Panorama de la Moselle depuis Metz jusqu'à Coblence, traitant particulièrement des antiquités romaines de Trèves, dessinées par G. Jung, arrangées et avec l'écriteau, gravées sur pierre par Friedrichsen. *Coblence, Muller*, s d., in-4º cart.

146. **Labillardière (Le Cᵉⁿ)**. Relation du voyage à la recherche de La Pérouse. fait par ordre de l'assemblée pendant les années 1791, 1792, 1793 et 1794. *Paris, Jansen*, an VIII, 2 vol. in-4º de texte, et atlas in-fº de planches, cartonnés, n. r.

147. **Lachau (l'abbé de)**. Dissertation sur les attributs de Vénus. *Paris, Prault*, 1776, in-4º br. Une belle gravure de Vénus Anadyomène d'après Le Titien, gravée par Saint-Aubin, 1 fleuron sur le titre et à la fin du vol., nombreuses reproductions de médailles dans le texte et tirées à part. Le médaillon du fleuron de la fin du vol. a été découpé et enlevé.
La Vénus Anadyomène est avant la bordure et avant la coquille.

148. **La Fayette**. Madame de la Fayette. *Paris. Le Fuel*, s. d , petit in-12 rel. toile argentée, gardes tabis rose, tr. d., 1 portrait et 4 fig.

149. **Lafitte (L)**. Entrée triomphale de S. A. R. Monseigneur le duc d'Angoulême, généralissime de l'armée des Pyrénées. *Paris, Didot*, 1825, in-fº oblong en feuilles.
23 planches in-folio dessinées par L. Lafitte et gravées par Normand fils, avec l'explication des planches.

150 **Lafontaine (Ch)**. L'art de magnétiser ou le magnétisme vital considéré sous le point de vue théorique, pratique et thérapeutique. *Paris, Alcan*, 1886, in-8 br., n. c.

151. **La Fontaine.** Contes et nouvelles en vers. *Amsterdam*, 1764, 2 vol. p. in-8 br.; 2 fleurons sur les titres, 2 grandes vignettes, 59 culs-de-lampe et 80 figures d'après celles d'Eisen.

152. **La Fontaine.** Fables avec figures (dessinées par Vivier), gravées par MM. Simon et Coiny. *Paris, Bossange*, 1796. 6 vol. in-16, le tome Ier br., les autres veau racine, reliure ancienne. 1 front. et 274 fig.

153. **La Fontaine.** Fables nouvelle édition accompagnée de notes par C. A. Walckenaer. *Paris Nepveu*, 1826, in-8 veau gris, ornements à froids sur les plats, tr. marb.
    1 portrait d'après Rigault, et 12 fig. de Moreau le Jeune. Une mouillure à la fin du vol.

154. **La Fontaine.** Suite de 1 frontispice et de 274 figures, pour illustrer les Fables de La Fontaine; dessinées par Vivier et gravées par Simon et Coiny. In-8 en feuilles.
    Belle suite avec encadrement.

155. **La Mettrie (de).** Œuvres philosophiques. *Amsterdam*, 1753, 2 vol. p in-12 maroq. citron, fil., tr. d., rel. anc.
    Discours préliminaire; l'Homme machine; Traité de l'âme; Abrégé des systèmes; les Animaux plus que machine; l'Homme plante; Système d'Epicure; Anti-Sénèque ou discours sur le bonheur; l'Art de jouir. Une pagination spéciale pour chaque chapitre; une transposition au dernier feuillet du tome II.

156 **Langeac (de).** Colomb dans les fers, à Ferdinand et Isabelle; épître. *Paris, Didot*, 1782, p. in-12 maroq. rouge, dorures sur les plats, gardes soie violet, tr. dor.

157. **La Place (de).** Collection de romans et contes, imités de l'anglais. *Paris, Cussac*, 1788, 6 vol. in-8 veau marb., 16 jolies figures par Borel, gravées par Biosse, Dambrun, Delignon et autres.

158. **Laponneraye.** Histoire universelle depuis les premiers âges du monde. *Paris, Dion*, 1854, 10 vol. in-8 br., n. c.; figures tirées à part sur acier.

159. **La Varenne (Ch. de).** Les rouges peints par eux-mêmes, biographies intimes. *Paris, Allouard*, 1850, in-12 br.

160. **Ledermüller** (**Mart. Frobene**). Amusemens microscopiques, tant pour l'esprit que pour les yeux. *Nuremberg*, 1764-66-68, 3 vol. in-4° cart , n. r. ; fig. color., bel exemplaire.

    Ces trois volumes contiennent 150 planches coloriées; plus : *Réponse de Ledermüller au baron de Gleichen, 1768,* 24 pp. avec 2 pl. *Rare.*

161. **Le Faure** (**Amédée**). Histoire de la guerre franco-allemande 1870-71, illustrée de 19 cartes et plans, de portraits, vues, épisodes de batailles, etc. *Paris, Garnier*, 1875, 2 vol. in-4° br.

162. **Legrand et Landon.** Description de Paris et de ses édifices, avec un précis historique et des observations sur le caractère de leur architecture, et sur les principaux objets d'art et de curiosité qu'ils renferment. Ouvrage orné de plus de 100 planches. *Paris, Landon*, 1806-1809, 4 parties en 2 vol. in-8 cart. bradel, n. r.

163. **Le Hay.** Recueil de cent estampes représentant différentes nations du Levant, tirées sur les tableaux peints d'après nature en 1707 et 1708 par les ordres de M. de Ferriol, et gravées en 1712 et 1713 par les soins de M. Le Hay. *Paris*, 1714, in-f° veau brun.

    Exemplaire bien complet avec l'explication imprimée, les deux nouvelles planches et la feuille de musique. Ce complément manque souvent.

164. **Le Hon** (**H**). L'homme fossile. *Paris, Reinwald*, 1868, in-8 br. *100 gravures.*

165. **Lenoir** (**Alex.**). Musée des monumens français, ou description historique et chronologique des statues, bas-reliefs et tombeaux des hommes et des femmes célèbres, pour servir à l'histoire de France et à celle de l'art. *Paris, Guilleminet*, 1800-1803, 6 vol. in-8 br. ; nombreuses planches.

    Le 6e vol. comprend l'histoire de la peinture sur verre et description des vitraux anciens et modernes.

166. **Le Sage**. Histoire de Gil Blas de Santillane. *Paris, Bertin*, 1798 p. in-12 veau rac., 1 front. et 6 fig. par Challiou.

167. **Leti** (**Grégoire**). La vie d'Olivier Cromwel. *Amsterdam, Schelte*, 1703, 2 vol. in-12 veau rac., tr. d., nombreux portraits.

    Une tache au tome 2, dans le bas de la marge de tout le volume, exempl. court de marges.

168. **Lévêque** (**M**me). Le Prince des aigues marines et la Princesse invisible. Contes. *Paris, Coustelier*, 1744, in-12 veau marb., filets, tr. d. Un fleuron sur le titre, 2 vig. et 5 fig. par Cochin, gravés par Duflos.

169. **Lichfield**. The history and antiquities of the see and cathedral church of Lichfield; illustrated by a series of engravings, of viewselevations, plan, and details of the architecture of the church; with biographical anecdotes of the Bishops. *London, Hurst*, 1820, in-4⁰ cart., 16 planches.

170. **Livre d'amour** (**Le**) ou folastreries du vieux temps. *Paris, Louis Janet*, s. d., in-12 veau laval., ornements à froid et dorés sur les plats, tr. d., gardes tabis rose, belle reliure. 1 frontispice et 6 jolies fig. en couleur.

171. **London**. Plans, elevation, section, and view of the cathedral church of Saint-Paul, London ; engraved By J. Le Keux, from Drawings By James Elmes, architect, with an historical and descriptive account, By Edmund Aikin. *London, Hurst*, 1813, in-4⁰ cart., 5 planches.

172. **Longus**. Les amours pastorales de Daphnis et Chloé. s. l. (*Paris, Quillau*), 1745, pet. in-8 maroq. vert, dent , tr. dor., rel. ancienne. Edition ornée d'un frontispice par Coypel, de 4 jolis culs-de-lampe par Cochin, et de figures gravées par Audran, d'après les peintures de Philippe d'Orléans régent ; la figure de Coypel, dite des *Petits pieds*, y termine le volume.
3 lignes à l'encre sur le titre, et 3 également sur la fig. des Petits pieds.

173. **Longus**. Les amours pastorales de Daphnis et Chloé. Traduction nouvelle, par Pierre B*** (Blanchard). *Paris, Maradan*, an VI, p. in-8 carré, cart. ; n. r. 1 front et 4 fig. par Monsiau, gravés par Pauquet et Duprécl.
Exempl. sur papier vélin, fig. avant la lettre.

174. **Mac-Carthy Reagh** (**de**). Catalogue des livres rares et précieux de la bibliothèque de feu M. le Comte de Mac-Carthy Reagh. *Paris, De Bure*, 1815, 2 vol. in-8 1/2 maroq. rouge, n. r. (*Simier*).
5,515 nos, avec la table des prix d'adjudication, planches de reproductions.

175. **Machet** (**J. J**). Le confiseur moderne, ou l'art du confiseur et du distillateur, avec des procédés généraux de

quelques arts qui s'y rapportent, ceux du parfumeur,
et du limonadier. *Paris, Maradan,* 1821, in-8 veau
rose, compositions à froid sur les plats, *(Thouvenin),*
belle reliure.

176. **Magasin** théâtral, illustré de gravures sur bois et de
portraits en pied d'acteurs et d'actrices de Paris. *Paris.
Marchant,* 1843, 3 vol. in-4º br.
Chaque vol. comprend en moyenne 15 pièces de théâtre.

177. **Maison** rustique du xixe siècle, ornée de 2,500 gravures représentant les instruments, machines, appareils,
races d'animaux, plantes, arbres, fleurs, légumes, ser-
res, bâtiments, etc. *Paris, librairie agricole,* s. d , 5
vol. p. in-4º br.

178. **Maizeroy.** Deux amies. *Paris, Havard,* 1885, in-12
br., couv.
Epuisé, rare.

179. **Malfilâtre.** Narcisse dans l'île de Vénus, poëme en
quatre chants. *Paris, Lejay (1769),* in-8 maroq. rouge,
filets, tr. dor., rel. ancienne. Un titre par Eisen, gravé
par de Ghendt, et 4 figures par G. de Saint-Aubin,
gravées par Massard; la troisième figure, qui ordinai-
rement n'est pas signée, existe dans notre exemplaire
en deux états, dont un à l'eau-forte, signée G. de Saint-
Aubin et Massard.
Une légère piq. de vers dans la marge intérieure.

180. **Malo (Charles).** Les papillons. *Paris, Janet,* s. d.,
(1817), p. in-12 cart. bradel, tr. d., dans un étui.
12 jolies fig. en couleur.

181. **Malo (Charles).** La volière des dames. *Paris, Janet,*
s. d. (1817), p. in-12 cart. bradel, tr. d., dans un étui.
1 frontispice et 12 fig. en couleur d'après les dessins
de Bessa.

182. **Marmontel.** Les Incas, ou la destruction de l'empire du
Pérou. *Paris, Lacombe,* 1777, 2 vol. in-8 veau marb.
10 figures par Moreau, gravées par Duclos, de Ghendt,
Helman, Delaunay, Leveau, Née et Simonet.

183. **Martigny de Riez.** Histoire illustrée de la guerre de
1870-71 et de la guerre civile à Paris. *Laon,* 1871,
in-8 br., portraits et cartes coloriées.

184. **Mazel (du)**. Les poésies de Maurice-Jehan Du Mazel, gentilhomme Champenois. 1775, in-8 br., n. c.
Réimpression faite par l'imprimerie Doublot d'Epernay, tiré à petit nombre, exempl. papier de Hollande, couverture vélin.

185. **Mémoires** d'une femme de chambre. *Paris, Dentu,* 1864, in-12 broch., photographie.
Curieux.

186. **Méro**. Odes anacréontiques, contes en vers et autres pièces de poésie, suivies de Côme de Médicis. *Londres,* (*Cazin*), 1781, in-16 veau marb., filets, tr. d., portrait.
Une légère piqûre dans la marge du bas.

187. **Mes bagatelles** ou les torts de ma jeunesse, recueil sans conséquence par Fallet, contenant une nouvelle édition du Phaéton. *Londres, Costard,* 1776, 2 fig. par Desrais, gravées par Châtelain et Marchand. — Phrosine et Mélidore, poëme en quatre chants (par Bernard). *Paris, Le Jay,* 1772, 3 fig. d'Eisen, gravées par Ponce et Baquoy. — Les Tableaux ; suivis de l'histoire de Mademoiselle de Syane et du comte de Marcy. *Paris, Delalain,* 1771, 1 front et 1 cul-de-lampe d'Eisen gravés par de Ghendt. Ensemble 1 vol. in-8 veau marb. Fortes piqûres de vers dans le Phaéton et les Tableaux.

188. **Mœurs, usages, costumes des Othomans** et abrégé de leur histoire, par A. L Castellan, avec des éclaircissements par Langlès. *Paris, Nepveu,* 1812, 6 vol. in-12, fig., maroq. rouge, dent. int et sur les pl ts, dos mosaïque, gardes tabis vert. (*Thouvenin*).
Tiré sur papier jonquille. Très bel exemplaire avec la double suite des 72 figures noires et coloriées.

189. **Méthode** de lever les plans et les cartes de terre et de mer, avec toutes sortes d'instruments et sans instruments *Paris, Jombert,* 1750, in-12 veau marb., fig.
Reliure aux armes de Rogier de Lude sur le premier plat, et à celles de Reims sur le second.

190. **Michaud**. Le printemps d'un proscrit, poëme en III chants. *Paris, Giguet,* 1803, p. in-12 br., 1 fig.

191. **Milton**. Le Paradis perdu ; traduction nouvelle avec des notes et des remarques par M. Racine. *Paris, Desaint,*

1755, 3 vol. in-12 veau fauve, avec compositions en marbrure sur les plats, dos orné. Jolie reliure de l'époque. A la fin du tome 3 avec pagination spéciale, *Le Paradis reconquis*.

192. **Misson.** Voyage d'Italie de Monsieur Misson, avec un mémoire contenant des avis utiles à ceux qui voudront faire le même voyage, et augmenté d'un quatrième volume contenant les *Remarques que M. Addisson a faites dans son voyage d'Italie. Utrecht, Waster*, 1722, 4 vol. in-12 veau marb., nombreuses planches et figures.

193. **Molière.** Œuvres. *Londres*, 1784, 7 vol. p. in-12 maroq. rouge, filets, dos orné, tr. dor. Un port. de Molière, par Mignard, gravé par Elvaux.

194. **Moll et Gayot.** La connaissance générale du cheval, études de zootechnie pratique. *Paris, Didot*, 1872, 1 vol. in-8 de texte et 1 atlas in-8 de 103 figures.

195. **Monnier (Henry).** Physiologie du bourgeois, texte et dessins par Henry Monnier. *Paris, Aubert*, s. d. in-18 br.

196. **Montaigne.** Essais de Montaigne. Nouvelle édition. *Paris, Desoer*, 1818, 1 fort vol. in-8, texte à deux colonnes, relié maroq. violet, ornements à froid et dorés sur les plats et le dos, tr. dor., *(Thouvenin)*; portrait de Montaigne par Dumoustier, gravé par Leroux.

197 **Montjoyeux.** Les femmes de Paris. *Paris, Ollendorff*. 1889, in-12 br., jolie couverture en couleur par Chéret,

198. **Musée** des Beaux-Arts. *Paris, Lévy*, 1885, in-f° cart. dos toile, avec plaque dorée sur les plats.
Album donnant la reproduction d'environ 150 tableaux de Bonnat, Lhermitte, Jacquet, Manet, J.-P. Laurens, Benj. Constant, Carolus Duran, Detaille, A. de Neuville et autres.

199. **Musset (Alfred de).** Œuvres complètes. *Paris, Charpentier*, 1867, 9 vol. in-12 1/2 chag. rouge janséniste, tête dorée, n. r., *reliure neuve*.

200. **Neuville (Vicomte de la).** La chasse aux chiens d'arrêt. *Paris, Dentu*, 1873, in-12 br., fig.

201. **Ninon de Lenclos** Lettres de Ninon de l'Enclos au Marquis de Sévigné. *Amsle dam., Joly,* 1750, 2 vol. in-16 veau marb. Un port. de Ninon de l'Enclos et 2 titres gravés

202. **Numismata** aurea imperatorum romanorum E. Cimelio regis christianissimi delineata et æri incisa a comite de Caylus. 1 vol. in-4° br., donnant 1,448 reproductions.

203. **Olivier (Jacques).** Alphabet de l'imperfection et malice des femmes. *Lyon, Jean Goy,* 1665, in-12 vélin blanc. Légère mouill. dans la marge extérieure.

204. **Orbigny (d').** Dictionnaire universel d'histoire naturelle, résumant et complétant tous les faits présentés par les encyclopédies. *Paris, Houssiaux,* 1861, 13 vol. in-8 de texte et 3 vol in-8, formant un atlas de 288 planches gravées sur acier et coloriées. Ensemble 16 vol. in-8 demi-chag. vert. *Bel exemplaire.*

205. **Origines (Les),** ou l'ancien gouvernement de la France, de l'Allemagne et de l'Italie. *Paris, Letellier,* 1789, 3 vol. in-8 maroq. vert, dent. intérieure, filets sur les plats, tr. d., reliure ancienne.

206. **Ossian,** fils de Fingal, barde du IIIᵐᵉ siècle ; poésies galliques, traduites sur l'anglais de M. Macpherson, par Le Tourneur. *Paris, Dentu,* an VII, 2 vol. in-8 maroq. rouge, dent. int., filets et compositions à froid et dorées sur les plats et le dos, gardes tabis violet, tr. dor. *(Thouvenin),* très belle reliure.
   Exempl. sur papier vélin, 4 fig. gravées par Tardieu.

207. **Oxford.** The history and antiquities of the cathedral church of Oxford ; illustrated by a series of engravings, of views, plans, elevatations, sections, and details of that edifice ; with biographical anecdotes of the Bishops. *London, Hurst,* 1821, in-4° cart., 21 planches.

208. **Ozanne.** Vues des principaux ports et rades du royaume de France et de ses colonies, dessinées par Ozanne et gravées par Gouaz, avec un texte descriptif, géographique et statistique par N. Ponce. *Paris, Bance,* 1819, in-f° cart., n. r., 80 planches et 1 carte.

209. **Pailleron (Edouard).** Le monde où l'on s'ennuie, comédie. *Paris, Lévy,* 1881, in-8 br.

210. **Paris (Louis) et Leberthais (C)**. Toiles peintes et
tapisseries de la ville de Reims, ou la mise en scène du
théâtre des confrères de la passion, planches dessinées
et gravées par C. Leberthais, études des mystères et explications historiques par Louis Paris. *Paris, de Bruslart,*
1843, 2 vol. in-4º de texte br., n. c., et 1 atlas in-fº de
planches, en feuilles avec titre.
Bel exemplaire, *les 32 figures de l'atlas tirées sur Chine.*

211. **Paris-Londres**, keepsake français 1837, nouvelles inédites, illustrées à Londres. *Paris, Delloye,* 1837, in-8
br., *bel exemplaire.*

212. **Paris-Londres**, keepsake français 1838, nouvelles inédites illustrées par 26 vignettes, gravées à Londres.
Paris, Delloye, 1838, in-8 br., *très-bel exempl.*

213 **Paris-Londres**, keepsake français 1839, nouvelles
inédites illustrées par 26 vignettes gravées à Londres.
Paris, Delloye, 1839, in-8 br., *bel exempl.*

214. **Paris-Londres**, keepsake français 1840-1841, nouvelles inédites illustrées par 26 vignettes gravées à
Londres. *Paris, Delloye,* 1841, in-8 br., *bel exempl.*

215. **Parny (Evariste)**. La guerre des dieux, poëme en dix
chants. Edition complète. *Paris, chez les marchands
de nouveautés,* 1815, in-12 veau rose, ornements
dorés et à froid sur les plats, tr. dor., *20 figures.*

216. **Pascal (Adrien)**. Histoire de l'armée et tous les régi-
ments depuis les premiers temps de la monarchie française jusqu'à nos jours, avec des tableaux synoptiques
et chronologiques par Brahault et Sicard. *Paris, Barbier,* 1853-58, 5 vol. in-8 1/2 chag. vert, dos orné.
Bel exemplaire avec les figures en couleur par Philippoteaux, Charpentier, Bellangé, de Moraine, Morel-Fatio, etc.

217. **Patte**. Monumens érigés en France à la gloire de
Louis XV, précédés d'un tableau du progrès des arts et
des sciences sous ce règne, ainsi que d'une description
des honneurs et des monumens de gloire accordés aux
grands hommes, tant chez les anciens que chez les
modernes. *Paris, Desaint,* 1765, in-fº bas. rac., 57
planches.

218. PEINTURES CHINOISES. Recueil de 24 vases de la Chine, peints à la gouache en 1 vol. in-fº maroq. citron, dent. sur les plats, dos orné. *(Serre)*.

Recueil précieux par la beauté et l'exécution de toutes les planches qui le composent. Ces peintures sont anciennes et remarquables par l'éclat des couleurs.

219. PEINTURES CHINOISES. 46 peintures à la gouache, représentant des oiseaux, des fleurs, des fruits, des vases avec des arbres nains, des fleurs et des fruits. 1 album in-fº 1/2 maroq. brun, *reliure ancienne*

Ces dessins anciens sont peints avec soin et avec une finesse merveilleuse.

220. PEINTURES HINDOUES. Recueil de 82 aquarelles en 1 vol. in-fº cart.

Ce recueil qui doit avoir fait partie d'un manuscrit ancien contient une suite des différentes incarnations des Dieux Hindous. Ces aquarelles sont extrêmement intéressantes et très bien conservées.

221. **Petits (Les)** mystères de Paris, par M. M... de S.—H... t. *Paris, Desloges*, 1844, 2 vol. in-18 br., fig.

222. **Pfenninguer.** Caractères des poëtes les plus distingués de l'Allemagne, avec leurs portraits gravés par l'éditeur. *Zuric, Fussli*, 1789, in-8 br., 16 portraits.

223. **Philostrate.** Les images ou tableaux de platte peinture des deux Philostrates et les statues, mis en français par Blaise de Vigenère, enrichis d'annotations, revus sur l'original et représentés en taille-douce, avec des épigrammes sur chacun d'iceux par Thomas d'Embry. *Paris, Cramoisy*, 1637, in-fº veau fauve; nombreuses grandes planches gravées par Jaspar Isac, Gaultier et Thomas de Leeu.

224. **Physiologie** du cocu, par un vieux célibataire. *Paris, Riquet*, 1841, in-16 br., 1 vig. sur la couverture. *Une mouill.*

225. **Plancher de Valcour.** Le Petit-Neveu de Boccace, ou Contes nouveaux, en vers. *Amsterdam*, 1787, 3 tomes en 1 vol. in-8 maroq. rouge, tr. dor., rel. ancienne.

226. **Poggiana**, ou la vie, le caractère, les sentences et les bons mots de Pogge Florentin. *Amsterdam, Humbert*, 1720, 2 vol. in-12 veau marb., portrait.

227. **Pompeiana** : the topography, edifices, and ornaments of Pompeii. By sir William Gell, and John P. Gandy, architect. *London, Rodwell,* 1817-1819, in-8 cart. brad., n. r. ; ouvrage contenant près de 80 planches. On joint à cet exemplaire la traduction du texte en français, formant 1 vol. p. in-f°, manuscrit d'une belle écriture.

228. **Ponce (N.).** Collection des tableaux et arabesques antiques trouvés à Rome dans les ruines des Thermes de Titus, avec un avant-propos et un texte explicatif des planches. *Paris, Bance,* s. d., 60 planches gravées. — **Ponce.** Arabesques antiques des bains de Livie et de la ville Adrienne, avec les plafonds de la Ville-Madame, peints d'après les dessins de Raphaël et gravés par Ponce. *Paris, Bance,* s. d., avec 15 planches. Ensemble 1 vol. in-8 cart., n. r.

229. **Pont-Jest (René de).** Le fleuve des perles. (L'araignée rouge), préface du général Tcheng Ki-Tong. *Paris, Dentu,* s. d. ; couverture en couleur et dessins d'après nature par Félix Régamey.

230. **Prévost.** Histoire de Manon Lescaut et du chevalier de Grieux édition illustrée par Tony Johannot précédée d'une notice par Jules Janin. *Paris, Bourdin,* s. d., in-8 br., couv., figures hors texte tirées sur Chine remonté.

231. **Prezel (de.** Dictionnaire iconologique, ou introduction à la connoissance des peintures, sculptures, médailles, estampes, etc. *Paris, Hansy,* 1756, in-12 veau, 1 frontispice par de Seve, gravé par de Baquoy.

232. **Promenades** d'un artiste. Tyrol. — Suisse. — Nord de l'Italie, avec 26 gravures d'après Stanfield et Turner. *Paris, Renouard,* s. d., in-8 br., quelques planches tachées de roux.

233. **Propos (Les)** mémorables des nobles et illustres hômes de la chrestienté. Augmentez de plusieurs graves sentences, des anciens Hébrieux, Grecz et Latins, *Paris, Bosons,* s. d, in-16 1/2 rel., titre gravé.

234. **Propos** mémorables des nobles et illustres bômes de la chrestienté. Augmentez de plusieurs graves et excellentes sentences, des anciens Hébrieux, Grecz et Latins. *Paris, Bonsons,* 1578, in-16 1/2 rel., titre gravé.

235. **Quinte-Curce.** Q Curtii Rufi de Rebus gestis Alexandri Magni libri decem. *Parisiis, J. Barbou,* 1757, in-12 veau marb., filets, tr. dor. Un front., 2 vig. et 1 cul-de-lampe, par Eisen, gravés par Lempereur.

236. **Raisson (Horace).** L'art de faire la cour aux femmes et de s'en faire aimer, ou conseils aux hommes pour réussir en amour; suivis du courrier des amants. *Bruxelles,* 1839, p. in-12 br.

237. **Recueil** d'épitaphes sérieuses, badines, satiriques et burlesques, de la plupart de ceux qui, dans tous les tems, ont acquis quelque célébrité par leurs vertus, ou qui se sont rendus fameux soit par leurs vices, soit par leurs ridicules. *Bruxelles,* 1782, 3 vol. in-12 veau marb , filets.

238. **Redouté. Les Liliacées.** *Paris. Imprimerie de Didot jeune,* 1816, 15 livraisons (de 66 à 80), gd in-fo, contenant 96 planches coloriées et 1 portrait de Redouté d'après Gérard; texte par A. Raffeneau-Delile.

239. **RÉFLEXIONS DE MACHIAVEL** sur la première décade de Tite-Live. Nouvelle traduction, précédée d'un discours préliminaire (par de Menc). *Amsterdam et Paris, Jombert,* 1782, 2 vol. in-8 maroq. rouge, fil. tr. dor., gardes tabis bleu, reliure ancienne.

Superbe exemplaire en grand papier.

240. **Regnard (Dr Paul).** Sorcellerie, magnétisme, morphinisme, délire des grandeurs. *Paris Plon,* 1887, in-8 br. n. c., *120 gravures hors texte.*

241. **Relation** de l'inquisition de Goa. *A Leyde, chez Daniel Gaasbeek,* 1687, p. in-12 veau brun.

242. **RÉPERTOIRE DU THÉATRE FRANÇAIS,** ou recueil des tragédies et comédies restées au théâtre depuis Rotrou, avec des notices sur chaque auteur, et l'examen de chaque pièce. Par M. Petitot. *Paris, Didot,* 1803-1805, 23 vol. in-8 veau fauve, filets, tranches dorées ; *superbe exemplaire avec les gravures avant la lettre.*

243. **Ricaut**. Histoire de l'état présent de l'empire ottoman,
contenant les maximes politiques des turcs, les principaux points de la religion Mahométane, ses sectes, etc.;
traduite de l'Anglais de Ricaut, par Briot. *Amsterdam,
Wolflgank*, 1671, p. in-12 maroq. viol., dos et plats
ornés, gardes tabis rose, tr. dor. ; 1 frontispice et 19
figures.

244. **Richer**. Fables nouvelles mises en vers ; avec la vie
d'Esope, tirée de Plutarque et d'autres auteurs. *Paris,
Barrois*, 1748, pet. in-12 maroq. rouge, tr. d.

245. **Robinet (Edouard)**. Manuel pratique d'analyse des vins,
fermentation, alcoolisation, falsifications, procédés pour
les reconnaître. *Paris, Lemoine*, 1879, in-12 br., n. c ,
8 planches.

246. **Rois de France**. Les plus augustes représentations de
tous les roys de France, depuis Pharamond jusqu'à
Louis XIV dit le Grand, à présent régnant ; avec un
abrégé historique sous chacun, contenant leurs nais-
sances, inclinations et actions plus remarquables pendant leurs règnes. *Paris, Hurand*, 1714, in-4° veau
marb.
Un titre gravé et 65 portraits par L'Armessin.

247. **Rousseau (J.-J)**. Collection complète des Œuvres de
J.-J. Rousseau, citoyen de Genève. *Imprimerie de la
Société littéraire typographique*, 1783-1789, 34 vol.
in-12 maroq. rouge, filets, tr. dor., rel. ancienne.

248. **Rousseau (J.-J)**. Du contrat social, ou principes du
droit politique. *Paris, Cazin*, 1791, in 16 veau marb.,
filets, tr. d.

249. **Salluste**. Les histoires de Salluste, et des pièces entières
tirées des fragments, traduites en françois, avec le latin
par Beauzée. *Paris, Barbou*, 1788, in-12 veau marb.,
filets, tr. dor., carte.

250. **Sans-Souci**. Œuvres du philosophe Sans-Souci. *Au
donjon du château, avec privilège d'Apollon*, 1750,
2 vol. in-8 veau fauve, filets, dos orné, tr. d., *reliure
ancienne*. A la fin du tome II : *L'Art de la guerre,
poëme*, avec pagination spéciale.

251. **Sauvage du Parc.** Philosophie d'amovr de M. Léon
Hebrev : contenant les grands et hauts poincts, desquels
elle traite, tant pour les choses morales et naturelles,
que pour les diuines et supernaturelles. Traduite d'italien
en françois, par le Seigneur du Parc, Champenois. *A
Lyon, par Benoist Rigavd*, 1595, in-16 vélin blanc,
portr. sur le titre. Légères mouill. dans les marges,
une déchirure au bas du dernier feuillet, sans atteindre
le texte.
    Jolie édition in-16, imprimée avec soin et devenue rare.

252. **Saverny (Mme de).** La femme chez elle et dans le
monde. *Paris*, 1876, pet. in-8 br.

253. **Scarron.** Œuvres de Monsieur Scarron. Nouvelle édition.
Amsterdam, Wetstein, 1737, 10 vol. pet. in-12 veau
fauve, *figures*, bel exemplaire.

254. **Scheler (Alph.).** Premiers accords, poésies. *Paris,
Fischbacher*, 1876, in-12 br., n. c., *envoi d'auteur
signé*.

255. **Sévigné.** Lettres de Madame de Sévigné, de sa famille
et de ses amis, avec notice et notes par Gault-de-Saint-
Germain. *Paris, Dalibon*, 1823, 12 vol. in-8 br., n. c.;
25 portraits par Devéria formant 1 album en feuilles.
Une mouillure au tome XII, assez légère ; la suite de
portraits est avant la lettre.

256. **Sévigniana,** ou recueil de pensées ingénieuses, d'anecdotes littéraires, historiques et morales, tirées des lettres
de Madame de Sévigné. *Auxerre, Fournier, 1788,*
in-12 veau vert, filets et dentelle à froid sur les plats,
tr. d., jolie reliure.

257. **Shakspeare.** Galerie des femmes de Shakspeare, collection de 45 portraits gravés par les premiers artistes de
Londres, enrichis de notices critiques et littéraires.
Paris, Delloye, s. d., in-8 demi-reliure à coins, dos
orné.

258. **Sind (Baron de).** Manuel du cavalier, qui renferme les
connaissances nécessaires pour conserver le cheval en
santé et pour le guérir en cas de maladie. *Paris,
Desprez*, 1766, pet. in-12 veau, gravures.

259. **Spectacle historique** divisé par période de vingt-cinq ans. *Paris*, s. d., 1 titre gravé et 10 estampes d'après Monnet, Marillier, gravés par F. Godefroy, avec un texte par M. Levesque. 1 vol. in-f° cart.

260. **Statuës** et bustes antiques des maisons royales. *Paris, Imprimerie royale*, 1779, 6 pages de texte et 111 planches gravées. — **Description** de la grotte de Versailles. *Paris, Imprimerie royale*, 1779, 12 pages de texte et 38 planches gravées. Ensemble 1 vol. grand in-f°, relié parchemin vert.

    Quelques planches mouillées.

261. **Sterne.** Voyage sentimental en France. Nouvelle édition. *Londres (Paris, Cazin)*, 1784, in-16. veau marb., filets, tr. dor. 2 très jolies figures dessinées et gravées par Duponchel.

262. **Strutt (Joseph).** Angleterre ancienne, ou tableau des mœurs, usages, armes, habillements, etc., des anciens habitants de l'Angleterre ; c'est-à dire des anciens Bretons, des Anglo-Saxons, des Danois et des Normands. *Paris, Maradan*, 1789, 2 vol. in-4° cart., n. r. Le tome deuxième comprend les 67 planches et la table.

263. **Suetone** tranquile de la vie des XII. Cesars. Traduit par George de la Boutière, enrichi de leurs effigies représentées au naturel, extraictes des plus antiques médailles de l ur temps. *Paris, Claude Micard*, 1570, in-16 maroq. rouge, filets ; une mouill.

264. **Suisse illustrée (La)**, description et histoire de ses vingt-deux cantons, par Lullin, Monnard, Dubochet, de Forestier, etc.; ornée de vues gravées sur acier, de costumes coloriés et d'une carte. *Paris, Didier*, 1851, 2 vol. in-4° demi-chag. violet.

265. **Swinburne (H.).** Voyage dans les Deux-Siciles, traduit de l'anglais (par J.-B. de La Borde). *Paris, Didot*, 1785-87, 5 vol. in-8 demi-rel , coins. Exemplaire sur papier fin d'Annonay. Le 5e vol. comprend le Voyage en Sicile de Denon, avec le Voyage de Bayonne à Marseille par Swinburne. Une mouill. dans la marge de plusieurs feuillets du tome 3e.

266. Tacite. Œuvres, traduction par Dureau de Lamalle. *Paris, Barrois*, 1790, 3 vol. in-8 maroquin citron, dentelle int., *rel. ancienne*.

267. Tacite. Vie de Julius Agricola, traduction nouvelle par Des***. *Paris, Bailleul*, 1797, in-12 veau rose, ornements à froid sur les plats, tr. dor. *(Thouvenin)*.

268. Tarbé (Prosper). Miniatures d'une Bible du XIVᵉ siècle (1378), et fac-similé du texte. *Société des Bibliophiles de Reims (Reims, Jacquet)*, 1842, 1 vol. br., front., 20 pl. et 1 fac-similé.

<small>Exemplaire tiré en in-4° sur grand papier (n° 5), signé P. Tarbé et Maquart, le front. et les 20 pl. sont tirés sur Chine remonté.</small>

269. Tasse (Le). La Jérusalem délivrée en vers françois par L.-P.-M.-F. Baour-Lormian. *Paris, Didot*, 1796, 2 vol. in-4° cart., n. r. 1 front. et 20 figures par Cochin, gravés par Saint-Aubin, Tiliard, Delignon et autres.

<small>Fortes piqûres de vers dans les marges du tome 1ᵉʳ.</small>

270. Tasse (Le). Jérusalem délivrée. Poëme, traduit de l'italien (par Lebrun). Nouvelle édition revue et corrigée ; enrichie de la vie du Tasse (par Suard). *Paris, Bossange*, 1803, 2 vol. in-8 veau violet, reliure à compartiments, ornements à froid et dorés sur les plats et le dos, tr-dor. *(Thouvenin)*. 1 portrait du Tasse gravé par Del. vaux, et 20 fig. de Le Barbier.

<small>Bel exemplaire.</small>

271. Tassoni. Le seau enlevé, poëme ; suivi de poésies diverses. *Paris, Didot*, an VIII, pet. in-12 maroq. lavallière, dent. int., compositions dorées et à froid sur les plats, dos orné, tr. d. *(Thouvenin)*, belle reliure. 1 jolie fig. non signée.

272. Theo Critt. L'art de se faire aimer par son mari, préface par la vicomtesse de Renneville, illustrations de Henriot. *Paris, Rouveyre*, 1884, in-12 br., couv.; *papier teinté, tiré à petit nombre*.

273. Thienon (C). Voyage pittoresque dans le Bocage de la Vendée, ou vues de Clisson et de ses environs, dessinées et publiées par C. Thienon, gravées à l'aqua tinta par Piringer, avec une notice historique sur la ville et le château de Clisson. *Paris, Didot*, 1817, in-4º demi-rel. ; 1 portrait et 30 planches. *Bel exemplaire.*

274. **Thiers**. Histoire de la Révolution française, 10 vol. — Histoire du Consulat et de l'Empire, faisant suite à l'Histoire de la Révolution française, 21 vol. Ensemble, 31 vol. in-8 br., n, c., *avec la suite des figures sur acier*, et 2 atlas in-fº cart. *Paris, Furne, Jouvet*, 1870-1874.

Exemplaire état de neuf.

275. **Titon du Tillet**. Description du parnasse françois, exécuté en bronze, à la gloire de la France et de Louis-le-Grand, et à la mémoire perpétuelle des illustres poètes et des fameux musiciens françois. *Paris, Chaubert*, 1760, 2 parties et un supplément, en 1 vol. pet. in-fº cart.

1 tête de chapitre, 1 frontispice gravé et 17 planches de médailles.

276. **Touchard-Lafosse**. La Loire historique, pittoresque et biographique, de la source de ce fleuve à son embouchure dans l'Océan. *Tours, Lecesne*, 1851, 5 vol. in-8 demi-chag. vert, bel exemplaire.

62 gravures sur acier et plus de 300 têtes de pages, culs-de-lampe, etc.

277. **Traité** de la composition et de l'ornement des jardins, avec 161 planches représentant, en plus de 600 figures, des plans de jardins, des fabriques propres à leur décoration, et des machines pour élever les eaux. *Paris, Audot*, 1839, 2 vol. in-4º oblongs brochés. 1 vol. de texte et 1 vol. de planches.

278. **Ulauss (Jérôme)**. Notice sur les sires de Coucy, accompagnée d'une description du château de cette ville et d'une étude sur la féodalité. *Coucy, Guérin*, 1862, in-12 br., planches et figures.

279. **Velleius Paterculus**. Abrégé de l'histoire grecque et romaine, traduit par l'abbé Paul, avec le latin. *Paris, Barbou*, 1785, in-12 veau marb., filets, tr. dor.

280. **Velpeau**. Embryologie ou ovologie humaine, contenant l'histoire descriptive et iconographique de l'œuf humain; accompagnée de 15 planches dessinées et lithographiées par A. Chazal. *Paris, J.-B. Baillière*, 1833, in-f° br.

281. **Villeroy (Félix)**. Manuel de l'éleveur de chevaux. *Paris, Librairie agricole*, 1858, 2 vol. in-8 br., 121 figures.

282. **Voltaire**. Œuvres, S. L , (*Genève*), 1775, 41 vol. in-8 veau marb., texte encadré ; 2 front., 4 portr. et 69 fig. par Martinet, d'après de la Tour, Gravelot et Marillier, gravées par Giraud, d'après Jannet et Chatelin. Le 41ᵉ vol. comprend la vie de Voltaire par Condorcet. *Paris*, 1789.

283. **Voyages** en France et autres pays, par Racine, La Fontaine, Regnard, Chapelle et Bachaumont, Piron, Gresset, Bérenger, Parny. etc *Paris, Chammerot*, 1808, 5 vol. in-18 cart., n. r., portraits et jolies figures.

284. **Wahlen (Auguste)**. Ordres de chevalerie et marques d'honneur, histoire, costumes et décorations. *Supplément*, contenant les décorations nouvelles et modifications apportées aux anciennes depuis 1844. *Bruxelles*, 1855, in-8 br., brochure fatiguée.

Nombreuses planches en couleur.

285. **Willemin (N.-X.)**. Monumens français inédits, pour servir à l'histoire des arts, et où sont représentés les costumes civils et militaires, les instrumens de musique, les meubles de toutes espèces et les décorations intérieures des maisons. *Paris*, 1806, in-f° en feuilles, de 39 liv. de planches (1 à 39), contenant 1 titre et 151 planches en couleur et 83 planches en noir.

286. **Winchester**. The history and antiquities of the see and cathedral church of Winchester; illustrated with a series of engravings, of views, elevations, plans, and details of the architecture of that edifice ; including biographical anecdotes of the Bishops. *London, Hurst*, 1817, in-4° cart., 30 planches.

287. **Winckelmann** (**J**). Histoire de l'art chez les anciens. Ouvrage traduit de l'allemand. *Amsterdam, Van Harrevelt*, 1766, 2 vol. in-8 demi-rel., *figures.* ; *reliure de l'époque.*

288. **Xénophon**. Les amours d'Abrocome et d'Anthia, histoire éphésienne, traduite de Xénophon, par M. J** (Jourdan). S. L., 1748, p. in-8 veau marb., 1 fleuron sur le titre, non signé, 1 frontispice et 5 figures par Humblot, gravées par Maisonneuve, et 3 culs-de-lampe.

289. **Zola** (**Emile**). Le rêve. *Paris, Charpentier*, 1888, in-12 br., couv.
1ʳᵉ édition.

A chaque Vacation, il sera vendu en Lots un certain nombre d'Ouvrages non catalogués.

Pour paraître régulièrement

CATALOGUES

DE

LIVRES ANCIENS ET MODERNES

En vente à Prix marqués

Les Personnes qui désirent recevoir ces catalogues sont priées d'en faire la demande à la

LIBRAIRIE F. MICHAUD

REIMS — 19, RUE DU CADRAN-SAINT-PIERRE, 19 — REIMS

MOBILIER

Batterie de Cuisine

Cuisinière, Meubles et Ustensiles divers de cuisine, Vaisselle, Cristaux.

Meubles et Objets divers garnissant la Lingerie et la Salle de bains

Un beau Service de table en porcelaine décorée, un Service à thé et un Service à café, un Service à dessert en Japon, Salières en porcelaine de Saxe, Services en porcelaine anglaise.

Un bel Ameublement de Salle à manger en acajou

Grand Buffet vitré, Desserte avec marbre, grande Table avec allonges. seize Chaises en cuir capitonnées, belle Suspension à huile, Cartel en bois sculpté, Glaces, Rideaux et Portières, quantité d'Objets de service, Couverts et Objets divers en cristophle.

Environ 11 Kilogrammes d'Argenterie

Couverts, Cuillères, Salières et autres Objets, Théières, Cafetières, Plats, Casseroles, Pinces à sucre, Passe thé, un Légumier avec son plateau.

Couteaux avec lames en argent et en vermeil, Services à hors d'œuvre, à découper, à salade, Fourchettes à huitres, Dessous de carafes, Réchauds, Plateaux, Verres à liqueurs.

Ameublement du grand Salon

Belles Glaces, Consoles dorées, Table, Jardinière en marqueterie, Tête-à-tète, Canapé, Fauteuils et Chaises en bois doré, Tables à jeu, belle Garniture de foyer, Bahuts, Appliques, Lustre, Rideaux et Portières, Chaises de fantaisie dorées, bèaux bronzès de Mène, de L. Moreau, de Lecourtier et autres.

Ameublement du petit Salon

Rideaux et Portières, Tapis, Glaces, Canapé, Fauteuils, Chaises.

Meubles divers

Garnitures de cheminées, Glaces, Rideaux, Tapis d'appartements et d'escaliers, Fauteuils de bureau, Porte-manteau, Couchettes et Literie, Tables à ouvrage, Commodes-Toilettes, Chaise longue, Cartel Louis XV et son socle en écaille avec cuivres, grandes Armoires, Coffres à bois, Armoires à glaces, Corps de bibliothèque, un Billard forme Louis XIII et ses accessoires, Bureaux.

Un Coupé trois quarts, une Américaine, plusieurs Harnais en bon état, Livrée, un Cheval.

Vins ordinaires et Vins fins en bouteilles.

Monnaies et Médailles

Une Collection de Monnaies et Médailles.

www.ingramcontent.com/pod-product-compliance
Lightning Source LLC
Chambersburg PA
CBHW070934280326
41934CB00009B/1873